하루 1분
성취의 힘

나를 매일 성장시키는
가장 쉬운 성공 습관

하루 1분
성취의 힘

READY

사소한 일상이 모여

기적이 된다

모트모트
김권봉
누누씨
하츠
달변가 영쌤
윤예지
펜크래프트
효빈

오늘부터 시작하는
작은 성취 프로젝트

START

GET SET

21세기북스

오늘 여러분은
무엇을 성취하셨나요?

우스갯소리로 "그냥 일어나서 출근했어요."라고 하신다면, 저희는 그것도 성취라며 기꺼이 박수를 보내드릴 거예요. 아침잠을 이겨내고, 양치질하고, 대중교통을 타고 오가며 사람들과 부딪히는 게 얼마나 힘든 일인데요.

저희도 하루의 시작점부터 성취를 이뤄낸 서로를 칭찬하기 위해, 매일 아침 다 같이 출근 인증샷을 찍어요. 시간 약속을 지켰다는 작은 성취감은 허기와 피로를 이겨내며 오전을 버티는 힘을 불어넣고, 오전에도 잘 버텼다는 또 하나의 성취감은 오후까지 이어져 퇴근을 선물하거든요.

크고 분명한 성과만을 강요하는 사회적 분위기 탓에 '성취' 같은 단어가 나에게 과분하다는 느낌이 들고는 하지만, 저희는 분명한 성취들로 나날을 채우는 여러분을 5년 넘게 지켜봐 왔어요.

대학에 가기 위해 지루한 교과목을 공부하고, 학점 취득을 위해 낯선 사람들과 과제를 하고, 취업을 위해 어떻게 활용되는지도 모르는 자격증을 취득하고, 월급을 위해 내 기대와는 다른 사소한 업무들을 반복하고….

'남들 다 하는 일인데 이게 무슨 성취야?'라는 생각이 여전히 머릿속을 맴도나요? 그렇다면 더더욱 이 책을 읽어 보시길 바라요. 여러분의 의문에 대답해줄 수 있도록, '누가 봐도 갓생 사는' 분들의 이야기를 가지고 왔거든요.

40만 구독자를 가진 영어 강사부터, 외주 작업이 끊이지 않는 일러스트레이터, 성수동 건물주가 된 30대 CEO…. 누가 봐도 성공한 이들에게 '성취가 뭐죠?'라고 물어보면 신기하게도 "아침에 일어나는 거요" "끼니 챙겨 먹는 거요"와 같은 예상치 못한 답변이 돌아와요.

출간 작업에는 함께하지 못했지만, 캠페인에 함께 참여해주셨던 이지영 선생님은 '일기 쓰기'가 자신의 성공을 만들어낸 성취라고 하셨어요.

중학생 시절부터 꾸준히 써왔던 일기를 지금도 열어보면서 동기부여를 얻고, 때로는 강의에서 써먹을 흥미로운 소재를 발견하기도 하신대요.

이토록 작고 사소한 캠페인을 글로 옮긴 이 책에는 이런 이야기들이 좀 더 상세하게, 재미있게 담겨 있어요. '문구 브랜드'로 알려진 모트모트가 왜 굳이 이런 책을 출간했을까요? 이유는 꽤 단순해요. 우리는 문구 브랜드가 아닌 '목표 달성을 돕는' 브랜드거든요. 저희가 제공하고 있는 문구와 공부 인증 어플, 챌린지, 플레이리스트 등의 제품과 서비스, 콘텐츠들은 모두 목표 달성을 돕기 위한 겁니다.

이 책도 여러분의 목표 달성을 돕기 위해, 일상을 채우는 작은 성취들이 왜 사소하지만은 않은지 알려드리기 위해 만들어진 도구 중 하나예요.

　자, 그러면 다시 한번 여쭤볼게요. 오늘 여러분은 어떤 성취를 하셨나요? 이 책을 통해 나의 작은 성취들을 돌아보고, 그에 대한 믿음을 갖게 되시면 좋겠습니다. 끝마치며, 출간을 먼저 제안해주시고 책이 나오기까지 살뜰히 도와주신 북이십일 측에 감사드립니다.

차례

2장
ROUTINE: 어제와 다른 오늘을 만들어내는 꾸준함의 기적

동기부여 연설가, 달변가 영쌤
"작은 성취가 큰 변화를 만들어내요"

일러스트레이터, 윤예지
"가장 기본은 평소 체력을 키워놓는 것"

손글씨 크리에이터, 펜크래프트
"걱정 말고 하루에 20분씩만 해보세요"

의대생 유튜버, 효빈
"약속을 지키다 보니 꾸준히 하게 됐어요"

1장

MENTAL

실패하고 넘어져도
다시 일어설 수 있는 힘

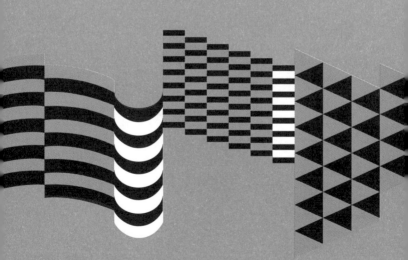

모트모트 CEO

김권봉 INTJ

"실패를 실패라고
생각한 적은
없어요"

안녕하세요. 저는 '모트모트'의 대표 김권봉입니다. 살면서 누구나 꿈과 목표가 있을 텐데, 대부분의 사람들이 그 목표를 달성하는 것에 익숙하지 않습니다. 오히려 실패할 때가 더 많죠.

그렇기 때문에 누군가의 도움이나 더 좋은 도구와 서비스 같은 것들이 필요하다고 생각합니다. 모트모트는 바로 그런 것들을 고민해 누구나 좀 더 쉽게 목표를 달성하도록 도와주는 회사입니다.

제가 중요하게 여겼던 건 실패를 실패라고 생각하느냐, 마느냐에 따라 다음으로 나아갈 수 있는 동력을 얻을 수 있느냐, 없느냐가 결정된다는 건데 문득 뒤돌아보니 저는 실패를 실패라고 생각했던 적이 없었던 것 같아요.

모트모트 안녕하세요! 먼저 대표님의 데일리 루틴이 궁금한데요?

김권봉 요즘 저는 회사와 집을 오가며 대부분의 시간을 보내고 있는데요. 좀 늦게 자는 편이라 다른 사람들처럼 아침에 겨우겨우 일어나 회사에 출근하곤 합니다.

특별한 루틴 같은 게 있다면, 퇴근 후에 집 근처 산책을 많이 하는 편이에요. 산책을 하다 보면 하루 종일 머릿속을 맴돌던 생각들이 정리되기도 하고, 새로운 발상들이 많이 떠오르기도 해서 웬만하면 책상 앞이나 집 안에 들어앉아 있기보다 밖으로 나가려고 하는 편입니다.

그러고 나서 잠자리에 누워 유튜브나 넷플릭스, 또는 인스타그램 같은 것들을 보면서 쉬는데, 그러면서 자연스럽게 트렌드를 리서치하게 되죠. 보통 잠들기 전까지 끊임없이 무언가를 하는 그런 루틴으로 하루를 보낸다고 할 수 있습니다.

대학생 때 이미 세 번의 창업을 하셨을 만큼 꽤 이른 나이에 창업 전선에 뛰어드신 것으로 알고 있는데, 어렸을 때는 어떤 기질을 가지고 있으셨나요?

저는 기본적으로 만들기, 그림 그리기 같은 창작 활동에 관심이 많은 아이였고, 그러다 보니 전공도 자연스럽게 디자인으로 정하게 됐습니다.

아주 어렸을 때로 거슬러 올라가보면, 집에 전자제품을 수리할 일이 생기면 어머니께 꼭 내가 집에 있을 때 기사님이 오셨으면 좋겠다고 말씀을 드렸던 기억이 나요. 수리하는 걸 보고 있는 게 너무 즐거웠거든요. 항상 뭔가 만드는 것에 열중하던 아이였던 것 같아요.

또 제가 고집이 센 편인데, 저는 학원을 거의 다니지 않았어요. 남이 만들어놓은 스케줄에 따라 움직이는 게 싫어서 어떻게든 혼자 공부해도 좋은 성적을 받을 수 있다는 걸 입증해보려고 했죠.

남이 시켜서 하는 걸 기본적으로 싫어하는 타입이에요. 되든 안 되든 내가 직접 경험해본다는 게 어렸을 때부터의 제 성향이었습니다. 결과적으로 남들과 다른 뭔가를 직접 만드는 걸 좋아했으니 창업에 빠지는 게 당연한 일이었던 것 같네요.

모트모트라는 회사를 만들게 된 계기도 어쩌면 자연스러운 흐름이었겠네요?

대학생 때부터 꾸준히 창업을 해온 터라 모트모트는 벌써 저의 네 번째 창업인데요. 사실 창업을 한다는 것 자체가 저의 목적은 아니었어요.

제품이 됐든, 서비스가 됐든 제가 생각하는 바를 사람들에게 보여주려 하다 보니 자연스럽게 '사업자'라는 게 필요했고, 점점 일의 규모가 커지니까 당연히 혼자 할 수 없어서 동료들이 생겨나고, 그러면서 어떤 사업의 형태로 발전하게 된 것 같아요.

모트모트 같은 경우도 이전의 세 번의 창업을 폐업하고 새로운 아이템을 고민하고 있던 중에 목표지향적인 저의 생각과 성향들이 자연스레 발현되면서 도전하게 된 창업이라고 할 수 있습니다.

'세 번의 창업'이라면, 그동안 수많은 실패를 경험하셨다는 의미일 수도 있을 것 같은데요?

사실 제가 '세 번 실패했다'는 생각을 처음으로 하게 된 건 불과 1~2년 전쯤이에요. 그전까지는 제가 망했는지 몰랐어요. 문득 '내가 폐업 신고를 했으니까 그럼 그건 실패한 거네' 하는 생각이 들더라고요.

그리고 그때 깨달았어요. '중요한 건 내가 나의 실패를 실패라고 생각하느냐, 마느냐에 따라 다음으로 나아갈 수 있는 동력을 얻을 수 있느냐, 없느냐가 결정될 수 있는 것이다.' 그렇게 생각하며 문득 뒤돌아보니 저는 실패를 실패라고 생각한 적이 없더라고요.

그러면 그동안 하셨던 사업 중에 가장 기억에 남는 사업이 있을까요?

가장 기억에 남는 사업은 마지막에 진행했던 가구 브랜드 회사인데, 그때는 주로 해외에서 활동하는 걸 중심으로 했었어요. 해외에서 먼저 주목을 받으면 국내에서 활동하기에 좀 더 좋은 기회가 만들어지지 않을까 하는 막연한 생각을 했던 것 같아요.

그래서 무턱대고 해외 3대 대표 공모전을 찾아보았고, 그중 하나를 선택해 포트폴리오를 제안했는데, 최종적으로 승인을 받아 파리로 나가게 됐죠. 그게 해외 활동의 시작이었습니다.

해외 전시이다 보니 현지 참가자들은 재료나 장식, 공간들을 충분히 준비할 수 있었지만 저희는 작품만 덜렁 들고 나가 그곳에서 모든 것을 해결해야 했기 때문에 아무래도 부족한 게 많았어요. 도착해서 보니 들고 간 작품이 깨져 있어서 숙소에서 접착제로 티 나지 않게 붙여 전시했던 기억도 나네요.

그렇게 오픈한 파리 전시장에서는 손님들이 오가며 제 작품도 유심히 쳐다봐주시긴 했어요. 아마 제 작품이 특이해서 흥미롭게 봐준 것 같은데, 그렇다고 손님이 많은 것은 아니었어요.

그런데 제 부스에 비해 옆 부스에는 많은 사람들이 몰려 있었어요. 그걸 보며 '왜 내가 보기에 괜찮은 작품에는 사람들이 몰리지 않는 걸까' 하는 고민을 했죠.

전시를 철수할 때쯤이 되어서야 비로소 제 작업의 부족한 점이 보이고, 사람들이 무엇을 원하고 관심을 갖는지도 조금 알게 됐습니다.

그때의 경험이 이후의 도전에도 어느 정도 영향을 주었을 것 같은데요?

네, 한국에 돌아와 그때 경험하고 생각했던 것을 바탕으로 새로운 작품을 만들었어요. 이번에는 뉴욕으로 나갔죠.

뉴욕에서도 파리에서와 비슷한 경험을 했고, 다시 한국으로 돌아와 새로운 작품을 만들어 마지막으로 런던으로 나갔는데, 이번에는 그야말로 전시장 내에서 대박이 났어요. 사람들이 전시장을 둘러본 다음 제 부스로 돌아와 제 품을 구매했어요. 그걸 보고 '아, 됐다!' 이런 생각을 했죠.

그러고 나서 다시 한국에 돌아왔는데, 이곳에서는 오히려 주목받지 못하고 판매할 기회조차 얻을 수 없었어요. 런던 시장과 서울의 시장이 많이 달랐던 거죠. 그래도 그때의 경험으로 새로운 관심사들이 생겨 자연스럽게 그쪽으로 동력이 옮겨갔습니다.

세 번째 창업은 그렇게 끝났지만 머리로만 알던 것을 실전으로 아주 혹독하게 배울 수 있었던 시간이었어요. 많은 비용과 시간, 노력을 들여 몇 차례 해외 전시를 했지만 조명 받지 못했으니 사실 실패라면 실패일 수 있죠. 그럼에도 거기에서 에너지를 얻고, 또 뭔가를 하고 싶다는 의지가 생겼다는 게 가장 의미 있는 일이고, 그것이 곧 지금의 모트모트를 만들어낸 원동력이기도 합니다.

지금 생각하면 실패지만 해외를 오가며 얻었던 동기부여 자체가 네 번째 창업을 하는 데에 도움이 됐다는 말씀이신 건가요?
네, 맞습니다. 세 번의 창업을 하면서 안 된다는 생각은 한 적이 없는 것 같아요. 해보고 싶은 뭔가가 계속 생겨서 다음엔 이걸 해보자, 그다음엔 저걸 해보자, 이렇게 발전시켜보자는 생각의 연속이었던 것 같아요.

이건 안 되니까 다른 걸 한다는 생각보다는 '이렇게 하면 더 잘 되겠는데?' 하고 거기에만 몰입했던 거죠. 그러다 보니 계속 새로운 시도를 하게 되고 그게 어느 순간 온전한 제 것이 된 거죠.

여러 가지 시도들이 잘 될 때도 있고 안 될 때도 있지만 그런 시행착오마저 전부 다 저에게는 소중한 경험이거든요. 설령 지나고 보니 성공적이지 못한 경험이었다 하더라도 그것을 통해서도 분명 배우는 게 있다 보니 그런 것들이 쌓여 모트모트라는 브랜드가 만들어진 거죠.

모트모트는 사업체가 많이 커지기도 해서 책임져야 하는 부분들이 굉장히 많아요. 종합예술이라고 해야 할 정도로 폭이 넓은데, 실패일지라도 그동안 다방면에서 경험을 쌓아왔기 때문에 지금의 일들을 해낼 수 있는 거라고 생각해요.

굉장히 긴 시간 동안 고생하셨던 것 같은데 모트모트를 계속 운영할 수 있었던 원동력은 무엇이었을까요?

모트모트 초창기에는 하루에 세 시간 정도 잤던 것 같아요. 보통 낮에는 생계를 위해 다른 외주 일을 했는데 어떤 때는 출근해서 일하기도 했어요. 저녁부터는 제품 포장을 하거나 고객들 문의에 답변하고, 그러다 보면 새벽 5~6시가 돼서 해 뜨는 걸 보는 게 일쑤였죠.

그렇게 하면서도 힘들다는 생각보다는 적은 수입이더라도 모트모트로 돈을 벌면서 제가 하고 싶은 일을 한다는 게 오히려 재미있고, 또 굉장히 열심히 살고 있다는 것에 취해 있었어요.

사실 이전에 창업했던 것들은 생계를 전혀 책임져주지 못했기 때문에 돈을 벌기 위해 다른 일들을 했어야만 했어요. 또 한편으로는 같이 졸업한 동기들이 다 기업에 취직해 훨씬 안정적인 생활을 펼쳐나가는 시점에 저는 여전히 수입이 불안정한 채로 계속 창업 활동을 이어갔다는 건 제가 되돌아봐도 신기한 일이에요.

떠올려보면 많이 몰입해 있었고, 충분히 심취해 있었고, 그래서 즐거웠던 것 같아요. 그게 원동력이지 않았을까 싶네요. 잘 되든 안 되든 내 생각을 구현시키고 그걸 남들에게 보여주는 게 즐거웠고, 어떤 걸 만들고 싶다는 사이클을 반복하는 게 재미있고 행복했어요.

하루에 세 시간 정도밖에 못 자면서까지 일을 하고 지금 어느 정도 성과를 이루었는데, 그 과정에서 번아웃 증후군을 경험한 적은 없으셨나요?

사실 저는 평소 '번아웃이라는 게 왜 오지?'라는 생각을 했었어요. 그런데 어느 날 지하철을 타고 퇴근을 하는데 문득 정신없이 목표를 향해 달려온 내 모습이 말할 수 없이 허무하게 느껴지는 거예요.

그 당시 사업이 잘 되고 있었는데, '그래서 지금 나는 행복한가?' 하는 생각이 들더라고요. 왠지 앞으로 더 크게 성공하더라도 그게 행복으로 이어지지는 않을 것 같다는 생각이 들었어요.

그때부터 내가 이 일을 왜 하는지, 어떻게 살아야 하는지, 행복이란 무엇인지 이런 고민들을 심각하게 했던 것 같아요. 그래서 그 당시 만나는 사람들마다 붙잡고 '너는 행복이 뭐라고 생각하니?' 이런 질문을 했던 기억이 나요.

한 6개월 정도 몸도 마음도 지친 상태로 보냈는데, 불현듯 번아웃이 왔던 것처럼 해소가 된 것도 찰나의 순간이었어요. 어느 날 문득 이런 생각이 들더라고요. '행복에 대한 고민은 누구나 죽는 순간까지 계속할 수밖에 없구나' 하고 말이죠.

부처님이든, 그 어떤 성인군자든 이 철학적인 질문에서 자유로울 수는 없잖아요. 내가 지금 행복한가에 대한 답을 지금 이 순간에 찾을 수 있다한들 10년 뒤의 저는 또 다시 그 질문을 하고 있지 않을까요?

그런 생각이 들면서 마음에 여유로움이 생겼어요. '내 행복이 뭔지 찾았다'가 아닌 '알아가자'랄까요. 그렇게 번 아웃 비슷한 상태에서 벗어난 경험이 있습니다.

모든 걸 쏟아 붓고 하얗게 불태운 뒤 다시 무력감과 허무함이 찾아온다 해도 아마 저는 또다시 그 과정들을 반복할 것 같아요. 그러면서 한 단계, 한 단계 더 성장해나가겠죠.

여러 차례의 창업을 반복하는 동안 주변에서 우려 섞인 시선도 보냈을 것 같은데 어땠나요?

맞아요. 네 차례나 창업을 해오다 보니 그 시간이 짧지만도 않았고, 특히나 인생의 방향을 결정하는 시점인 대학교 졸업 무렵에 남들과 다른 선택을 하는 상황이어서 부모님의 경우에는 대놓고 티를 내시진 않았어도 꽤 걱정스러운 눈빛을 보이시긴 했죠.

사실 다른 누구보다 '주변 친구들이 어떻게 살아가는가' 하는 것에는 영향을 받기 쉬운 것 같아요. 그런데 저는 일부러 영향을 안 받으려고 했던 편이에요.

왜냐하면 나보다 다른 사람들이 내 문제에 대해 더 깊

이 고민하진 않는다고 생각하거든요. 친구들에게 고민을 털어놓아도 그 이야기를 나누는 시간 동안에는 어느 정도 공감해주지만 그 자리를 벗어나면 서로 각자의 문제로 돌아갈 수밖에 없어요.

그러니까 결국 내 문제에 대해 가장 오랜 시간 고민하는 사람도 나고, 그에 대한 답을 가장 잘 아는 사람도 나라고 생각해요. 그러다 보니 주변 사람들의 이야기는 참고하는 정도로만 받아들이는 편이에요.

모트모트를 운영하면서 가장 기억에 남는 에피소드 하나만 말씀해주신다면 어떤 게 있을까요?

한 가지 뽑아보자면, 하루는 제가 퇴근하고 집에 누워 있는데 DM(다이렉트 메시지)이 한 통 오더라고요. 새벽 한두 시 정도 됐던 것 같은데, 한 학생으로부터 장문의 DM이 왔어요. 지금 동네 밤거리를 배회하고 있다고요.

이유가 뭐냐고 했더니, 서울에서 대학을 다니는 오빠가 자기에게 '그런 식으로 살면 아무 것도 안 된다'는 식의 이야기를 해서 엄청 상처를 받고 울면서 동네를 배회하고 있다는 거예요.

그래서 제가 어떤 식으로 공부를 했고, 사람들로부터

어떤 시선을 받는지 등등 나의 경험을 솔직하게 쓴 아주 긴 내용의 답변을 보내줬는데, 그 친구가 나름 위안을 받았던 모양이에요.

그 친구는 이후로도 꾸준히 브랜드 계정으로 좋은 소식을 전해주며 계속 함께하고 있는데요, 본인의 일상적인 고민을 브랜드 계정에 보낸다는 게 저한테는 아주 흥미롭고도 고마운 경험이었어요. 그런 브랜드가 잘 없잖아요.

그 이후에 '우리가 고객들에게 기존의 브랜드와는 다른 브랜드로 인식되고 있구나' 생각하게 됐고, 그런 부분을 더 많이 신경 썼던 것 같습니다.

앞에서 몰입이라는 이야기를 해주셨는데, 창업하는 과정에서 처음부터 끝까지 내가 몰입해서 이것만큼은 열심히 지켰다는 평소의 소신이 있나요?
어떤 상황에서든 결국 어떻게 바라보느냐 하는 프레임에 따라 상황을 해석하는 게 완전히 달라질 수 있는 것 같아요.

그래서 저는 안 좋은 상황에 있더라도 어떻게 하면 좋은 기회가 될 수 있을지 반대로 생각하는 습관이 있어요. 어떤 일이든 내가 생각하는 대로, 생각하는 만큼 된다고 믿기 때문이에요.

평소에 무엇이든 좀 더 긍정적으로 하려 하고, 또 많이 웃으려고 해요. 물론 잘 안 되죠. 그래서 연습을 많이 해요. 저는 잘 때도 웃으면서 자려고 입꼬리를 올리곤 합니다.

대표님이 생각하시는 일상에서 이루어지는 가장 작은 단위의 성취는 무엇인가요? 가령 '나는 이런 것도 성취라고 할 수 있다' 라고 생각하는 것이요.

우선 저는 하루하루 살아가는 것 자체가 작은 성취라고 생각하는데요. 그중에서도 제가 스스로에게 가장 바라는 건 아침에 일어나서 한 시간 정도 독서를 했으면 좋겠는데, 여러 가지 이유로 그걸 잘 지키지 못해요.

많은 사람들이 저처럼 이렇게 하루 동안 꼭 해내고 싶은 각자의 목표가 있을 거라고 생각해요. 그리고 그건 대부분 거창한 게 아닐 거예요. 사소하지만 내가 하고 싶은 것, 또는 이렇게 살고 싶다는 바람에서 비롯된 목표가 대부분일 거예요.

그런 것들을 하루하루 성취해나가다 보면 어느 순간 내가 원하는 사람이 돼 있을 거라고 생각합니다. 그래서 제가 생각하는 가장 작은 성취는 매일 세우는 나의 사소한 계획들을 긍정적으로 이루어나가는 것입니다.

그러면 매일매일 계획을 세우고 그것들을 성취해나가는 일상이 대표님에게 어떤 도움이 됐나요?

사실 목표를 막연하게 세우면 그걸 어떻게 수행해야 할지 몰라서 힘들 수밖에 없어요. 목표가 구체적이지 않으니 당연히 어떤 식으로 나아가야 할지 방법을 찾기가 어렵죠.

결국 A라는 목표를 달성하기 위해서는 무엇을 수행해야 하는지 그 목표를 구체적으로 세분화해 계획을 세울 수밖에 없는 것 같아요. 그래서 그 작은 계획을 수행해가다 보면 목표에 도달하게 되는데, 그건 사실 너무 자연스러운 일종의 공식 같은 거죠.

막연하게 어떤 목표만 세우고 '나 이런 사람이 될 거야'라고 생각하고 그냥 앞으로 나아가다 보면 어느 순간 내가 뭘 하고 있는지 모를 때가 있어요. 방황한다고 해야 할까요? 작은 계획들을 세우고 그것들을 성취해나가는 과정들은 내가 방향을 잃지 않도록 하는 길잡이 역할과 같아요.

앞으로 이루고 싶은 목표는 무엇인가요?

아무래도 모트모트가 더 영향력 있는 회사가 되는 것이겠죠. 저는 사람들 모두가 목표를 성취하는 데에 능숙하다고 생각하지는 않아요. 특히 대한민국에서는 뭔가를 성취해

내기 위해 적합한 성향이 따로 있는 것 같고요. 그렇다 보니 그렇지 않은 사람들은 목표를 성취하기 어려운 부분이 많은 게 사실입니다.

그렇기 때문에 목표를 달성하고자 하는 사람들에게 좀 더 좋은 서비스와 도구를 만들어주고자 하는 게 모트모트의 궁극적인 바람이자 목표죠. 사람들 모두가 자신이 원하는 바를 이루며 살 수 있다면 더 행복한 세상이 되지 않을까요?

지금까지는 플래너나 여러 콘텐츠들을 통해 동기부여도 되고 계획도 세울 수 있는 툴을 제공했다면, 이제는 트렌드에 맞춘 새로운 툴이 많이 필요하다고 생각해요. 대표적으로 디지털 부분에 대한 고민을 하고 있고, 본인이 자기 계발을 하는 공간에 대해서도 고민을 많이 하고 있어요.

그래서 모트모트는 목표 달성을 둘러싸고 있는 여러 가지 조건들로 계속해서 확장해나갈 수 있는 브랜드가 되고자 합니다.

여러 가지 부분에서 사람들이 목표 달성을 실천하는 걸 도울 수 있는 브랜드가 모트모트의 목표라면, 개인적인 목표로는 어떤 게 있으세요?

개인적으로는 나이가 들어서도 계속 꿈을 잃지 않는 사람이 되고 싶다는 게 가장 큰 바람이에요.

얼마 전 다큐멘터리 한 편을 봤는데, 90세가 넘은 분께서 오늘도 하고 싶은 일이 너무 많다고 말씀하시는 거예요. 그걸 보면서 '나도 저 나이가 돼서 저렇게 말할 수 있을까?' 하는 생각이 들더라고요.

90세가 넘어서도 하고 싶은 게 아주 많아서 다음날이 너무 기대되고, 또 그걸로 웃으며 하루를 보낼 수 있는 그런 사람이면 좋겠다는 바람과 기대가 있습니다.

마지막으로 하고 싶은 말이 있다면요?

저는 목표를 향해 나아가는 일은 동굴을 탐험하는 일과 비슷하다고 생각해요. 사실 우리는 계획을 세울 때 제자리에 앉아서 세우는 경우가 대부분이죠. 그러다 보면 자칫 계획만 세우다 하루가 다 가버릴 수도 있죠. 그래서 항상 그렇게 되지 않으려고 경계합니다.

동굴을 탐험할 때 자기 자리에서 볼 수 있는 건 내가 가지고 있는 랜턴이 비추는 곳뿐이에요. 아무리 랜턴을 밝게 비춰도 그 불빛이 비추는 곳은 제한적일 수밖에 없다고 생각해요. 자리에 가만히 앉아서는 동굴 끝에 무엇이 있을지, 어떤 상황이 펼쳐질지 알 수 없어요.

랜턴의 빛을 강하게 만들려고 애쓰기보다는 한 발짝 앞으로 나아가는 게 한 발짝 더 멀리 볼 수 있는 상황을 만든다고 생각해요. 그렇기 때문에 생각만으로 계획을 짜고 그것을 실행하고자 꿈꾸기보다는 단순하게 한 발짝이라도 앞으로 내딛는 게 훨씬 더 좋은 효과를 만든다고 생각합니다.

그래서 저 역시 항상 생각은 좀 더 가볍게 하고 한 발짝이라도 앞으로 나아가는 행동을 취하려고 노력합니다.

"목표를 향해 나아가는 일은 동굴을 탐험하는 일과 비슷해요. 랜턴이 비춰주는 곳은 제한적일 수밖에 없죠. 생각만으로 계획을 짜고 그것을 실행하고자 꿈꾸기보다는 단순하게 한 발짝이라도 앞으로 내딛는 게 훨씬 더 좋은 효과를 만든다고 생각합니다."

MENTAL 1주 도전

_프레임 바꾸기

	오늘의 나쁜 기억은	
MON		→
TUE		→
WED		→
THU		→
FRI		→
SAT		→
SUN		→

나쁜 기억도 프레임을 달리 하면 중요한 경험이 될 수 있습니다.
나쁜 기억을 긍정적 의미로 바꿔볼까요?

중요한 경험이 된다

MON

TUE

WED

THU

FRI

SAT

SUN

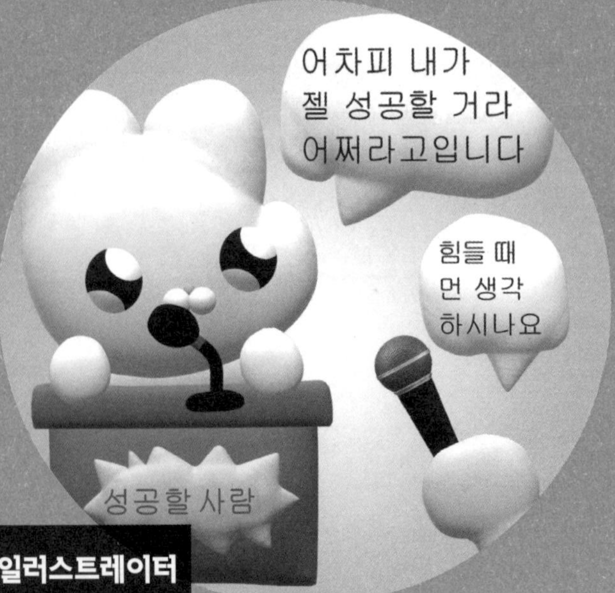

일러스트레이터

누누씨 ENTJ

“넘어지면 어떻게 회복할 수 있는지 알게 돼요”

안녕하세요. 저는 인스타그램에서 3D 그림을 그리는 누누씨라고 합니다. 주로 어이없지만 귀엽고 버릇없는 그림을 그리는 걸 좋아합니다. 종종 인스타그램 라이브 방송도 합니다. 제가 제일 좋아하는 음식은 김치찜이고, 취미는 하늘 올려다보기입니다. 작업할 때는 유튜브로 노동요를 많이 듣습니다.

계속 걷다 보면 크게 한 번 넘어지는 날이 오거든요. 그렇다고 꼭 넘어지라는 말은 아니지만. 그럴 때 보통 어떻게 해야 할지 잘 모르잖아요. 하지만 시행착오를 겪으면 그다음에 어떻게 해야 회복할 수 있는지 좀 알게 되는 것 같더라고요.

모트모트 안녕하세요! 데일리 루틴이 어떻게 되시나요?

누누씨 너무 ENTJ로 보일까 봐 조금 그렇긴 한데 저는 일단 아침에 일어나면 꼭 하는 게 있어요. 이불을 갭니다. 스스로 만든 약속은 꼭 지키려고 노력하는 편이에요.

먼저 이불을 개고 멍멍이랑 산책을 나갔다가 그 이후 시간은 전부 작업을 해요. 주로 12시에서 1시까지 쉬고, 저녁 먹고 하는 시간들을 빼면 나머지는 다 작업을 하는 것 같아요. 그래서 계속 작업을 하다가 보통 새벽 2~3시에 자요.

그런데 솔직히 하루 종일 작업만 하는 건 아니에요. 생각한다고 해서 그게 다 그려지는 것도 아니어서 작업을 한다고는 하지만 그림을 하나도 못 그릴 때도 있고 그래요.

방금 말씀하신 게 사실 제일 지키기 어렵잖아요. 저는 오늘도 이불 안 개놓고 나왔거든요.

그러면 안 돼요. 이불을 개는 건 하루를 시작하는 의식 같은 거예요.

일상 루틴이 거의 그림 위주인데 처음에 그림을 그려야겠다고 생각한 계기가 있었을까요? 이를 테면 사건 같은 것?

이건 좀 진부한 이야기인데, 어릴 때부터 그림 그리는 걸 좋아하긴 했지만 그림을 업으로 삼기에는 항상 부족하다고 생각했어요. 그림을 제대로 배워본 적도 한번도 없고.

그래서 항상 취미로만 생각하고 다른 일을 하다가 우연히 인스타그램을 보게 됐는데 그림 그리시는 분들이 엄청 많더라고요.

그런데 그분들이 모두 막 대단한 걸 그려서 올리는 건 아니었어요. 사소한 것들을 그려서 올리는 걸 보고 나도 한번 도전해봐야겠다고 용기를 갖게 됐고, 그렇게 해서 인스타그램에서 그림을 그리게 됐습니다.

이전에도 여러 차례 그림 계정을 시도하셨다고 들었어요. 몇 차례의 시행착오를 겪고서야 누누씨가 만들어진 걸로 알고 있는데, 작가님의 인스타툰 도전기를 말씀해주실 수 있을까요?
일단 서너 번은 실패했습니다. 사실 그건 실패라기보다는 제가 끈기가 없어서죠. 인스타그램에서 그림을 그린다는 게 반응이나 어떤 피드백이 있어야 꾸준히 할 수 있는 거라고 생각하거든요.

그런데 매번 두세 달 하고 그만뒀어요. 생각했던 것만큼 반응도 안 나왔고, 중요한 건 제가 그리고 싶은 걸 그렸다기보다는 인스타그램에서 반응이 좋은 것들을 그리려고 했던 것 같아요.

제가 진짜 좋아해서 그리는 그림이 아니다 보니 당연히 그림에서도 티가 나고, 그러면서 인스타그램 계정 서너 개를 만들었다가 없앴다가 그랬던 것 같아요. 오죽하면 주변에서 '제발 두 달만이라도 해봐라' 그랬는데도 제가 기대에 못 미쳐서 매번 지웠다 다시 만들었다가 했죠.

뭐든지 시작하고 유지하는 게 어려운 것 같아요. 그럼에도 누누씨 계정은 중도에 포기하지 않고 계속 도전할 수 있었던 이유가 무엇이었을까요?

사실 누누씨 계정 이전의 계정을 없애고 이제 다시는 그림을 그리지 말아야겠다고 생각한 적이 있어요. 왜냐하면 다른 일도 업으로 하고 있었거든요.

근데 이게 포기가 안 되는 거예요. 자꾸만 자꾸만 인스타그램을 보게 되고, 그림 그리는 분들을 찾아보면서 그때 나는 그림을 그려야 하는 사람이라고 좀 느낀 것 같아요.

진짜 업이 생겼는데도 포기를 못 하고 계속 그림을 그리고 싶으니까 (이런 표현을 써도 되는지 모르겠지만) '아, 찐막으로 그냥 한번 해보자' 하는 생각으로 1년 안에

1,000 팔로워를 목표로 해보고 안 되면 다시는 쳐다보지도 않겠다고 하고 했어요. 그래서 중도에 포기하지 않았던 것 같아요.

아까도 말했다시피 업으로 삼기에는 스스로 항상 부족하다고 생각했고, 그래서 학교에 가서 그림을 배우거나 하는 것도 아예 시도조차 안 했고요. 스스로 그렇게 한계를 만들어놓고 '나는 여기까지만!' 하고 이제 그냥 다른 일을 해야겠다고 생각한 거죠.

그랬다가 다 내려놓고 포기하고 나니까 다시 그림을 그릴 수 있게 된 거죠. 나는 원래 그림 그리는 걸 좋아했으니까.

누누씨 계정도 처음부터 빵빵 터졌던 건 아닌 걸로 알고 있는데 그럼에도 불구하고 지금처럼 좋은 반응을 얻기까지 꾸준히 유지할 수 있었던 비결은 무엇인가요?

제가 재밌어서! 예전에 그림을 그렸을 때는 단순히 계정을 키우고 그런 거에 목표를 두었었는데, 누누씨 계정 활동 초창기에는 그때와 다르게 3D 그림판을 사용해 그림을 그리는 게 너무 재미있는 거예요. 그래서 저 스스로 너무 재미있어서 아무 것도 신경 안 쓰고 그냥 계속 그림을 그렸던 것 같아요.

자의식 과잉일 수도 있는데 사실 저는 제 그림이 다 좋고 만족스러워요. 가끔 '이거 좀 내리고 싶다' 그런 것도 있긴 한데 그래도 대부분 다 좋아요, 제 그림이.

처음 목표했던 것보다 훨씬 더 많은 것들을 이루어내고 있는데 누누씨라는 계정이 인기를 끌 수 있었던 이유는 뭐라고 생각하시나요?

3D 그림판에서 그림을 그리는 게 흔한 경우는 아니었다고 생각해요. 제가 도전할 당시 인스타그램에서 그림 그리시는 분들이 이미 너무 많았고, 그래서 평범한 그림으로는 빛을 볼 수 없다고 생각했어요.

여러 가지 생각을 하다가 한 번도 못 봤던 3D 그림판을 시작하게 됐는데 그게 흔하지 않아서 더 좋아해주셨던 것 같고, 또 제 팔로워 분들 중에 저와 나이대가 비슷한 분들이 많다 보니 아무래도 공감대가 잘 형성될 수 있어서 많이 좋아해주시는 게 아닐까 싶어요.

다른 인터뷰를 통해서도 느낀 건데 작가님의 자존감 혹은 자기효능감이 매우 높은 것 같아요. 그런 성격은 어떻게 만들어지는 걸까요?

어쩌면 너무 뻔하게 느껴지는 대답일 수 있는데, 사실 저는 원래 이런 성격이 아니었어요. 어렸을 땐 지금과는 다르게 진짜 소심했거든요. 어느 정도였냐면 버스에서 벨을 눌렀는데 기사 아저씨가 그냥 지나가면 아무 말도 못하고 그냥 서 있던 애였어요.

그러다가 좀 커가면서 제 목소리를 내야 다들 들어준다는 걸 알게 됐죠. 그리고 저희 부모님은 터치를 안 하는 스타일이어서 제가 뭘 하든 그냥 알아서 잘 하겠지 하시거든요. 그래서 성격이 이렇게 변한 것 같아요.

사실 이런 성격이 되기까지 울면서 보낸 날도 되게 많아요. 이런 저런 일들로 상처를 많이 받기도 했고요. 그런데 엎어져도 다시 일어나려고 노력하다 보니까 성격이 단단해지는 것 같아요.

지금처럼 그렇게 성격이 단단해지기까지 누누씨랑 그동안 했던 그림 작업들이 어느 정도 작가님에게 영향을 미쳤던 걸까요?
누누씨 계정으로 그림을 그리면서 거기에 제 성격이 다 녹아들었다고 해야 하나? 그러면서 더 확고해진 것 같기는 해요. 제가 말하고 싶은 걸 주로 그리다 보니 더 그렇게 된 것 같아요.

인스타툰이라는 것 자체가 좋아하는 사람들은 되게 좋아하지만 또 모르는 사람들은 '그게 뭐야?' 하는 부정적인 반응도 있잖아요. 처음 시작할 때 주변 반응은 어땠나요?

제 친구들은 물론이고 제 주변에는 저한테 부정적이거나 안 좋은 이야기를 해주는 사람들이 없어요. 나쁜 뜻에서가 아니라 제가 뭘 하든지 어련히 잘 알아서 하겠지 하는 편이거든요.

그래서 처음 시작할 때 주변 반응은 괜찮았는데 오히려 저 스스로 좀 많이 불안했던 것 같아요. 어떻게 될지 모르니까 불안하고 좀 위축되기도 하고 그랬죠.

무엇 때문에 불안했을까요?

프리랜서로 일하시는 분들은 다 공감하실 텐데, 이런 일들이 한 치 앞을 알 수가 없거든요. 내 뜻대로 다 되는 것도 아니고.

사실 수도 없이 저 자신에게 '이번만 하면 진짜 끝이다, 이번이 진짜 마지막이다' 했어도 마음 한구석에는 '진짜 안 되면 어쩌지?' 이런 생각도 있었거든요.

인스타그램 같은 소셜 미디어들의 장점 중 하나가 빠른 소통인데, 그런데 반응이 진짜 너무 즉각적이잖아요. 그

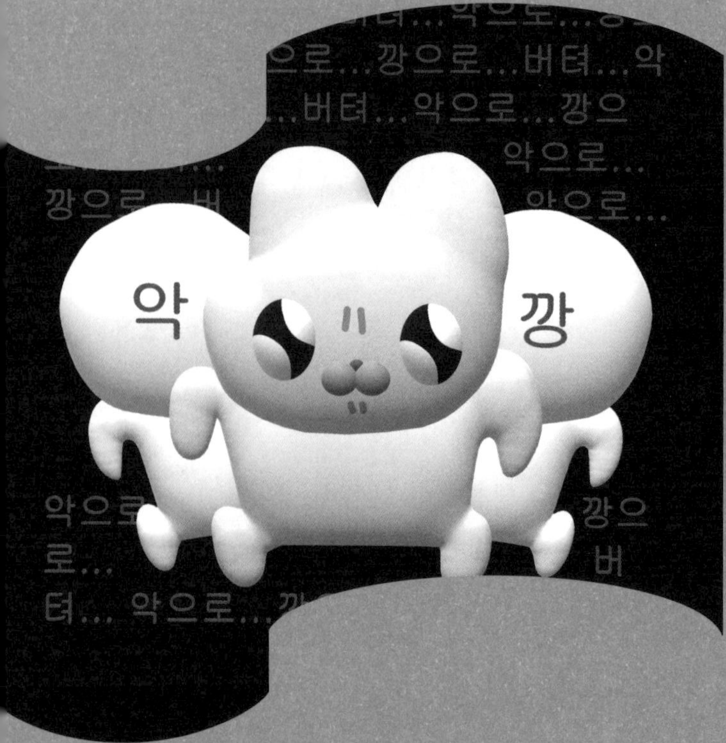
으로...깡으로...버터...약
...버터...약으로...깡으
약으로...
깡으로
약으로...
약
깡
약으로
깡으
로...
버
터... 약으로...

래서 초기에 이렇다 할 반응이 없거나 할 때는 많이 흔들렸던 부분도 있었죠.

지금은 그 불안감들이 해소됐나요?

네. 그런데 완전히 해소됐다기보다는 이제는 그냥 적응한 것 같아요. 반응이 안 좋거나 팔로워 수가 오르락내리락하면 그게 신경이 쓰일 수밖에 없잖아요. 오늘은 되게 재미가 없었나보네 하면서 초반에는 속상해하기도 했어요.

그런데 언젠가부터 그런 반응들이 너무 귀여운 거예요. 별로일 때는 반응이 안 좋고, 재미있을 때는 반응이 좋은 걸 보면서 팔로워들이 너무 귀엽게 느껴지더라고요. 재미있다고 생각하는 거에는 엄청 반응이 좋다가도, 그럭저럭인 거에는 그럭저럭인 반응을 보이는 게 너무 솔직하게 느껴지고, 그게 또 한눈에 확 보이니까.

이제는 재미없다는 반응을 보이면 그냥 '아, 오늘은 재미가 없었나보다' 하고, 반응이 좋은 날에는 '아, 오늘은 재미있나보다' 그러는 것 같아요.

불안감을 해소할 수 있는 비결을 공유해주신다면요?

매사에 일희일비하지 않아야겠다는 노력은 항상 하는 것

같아요. 팔로워의 반응에 너무 나를 내던지지 말아야겠다 하면서 마음을 다잡으려고 하는 거죠.

이건 인스타그램이나 다른 소셜 미디어에서 활동하시는 분들에게도 해주고 싶은 말이에요. 물론 저보다 더 잘 아는 분들도 계실 거예요. 너무 반응에 흔들리지 않았으면 좋겠어요. 저 역시 아직도 흔들리지 않기 위한 노력을 계속 하고 있고요.

인스타그램에서 처음 그림을 시작했을 때는 본업이 따로 있었다고 들었습니다. 그러다가 지금은 전업이 되었는데 어떻게 그런 결정을 하게 되었나요?

사실 처음에는 본업과 그림 두 가지를 동시에 얼마든지 할 수 있다고 굳게 믿었었는데, 실제로 해보니 이게 너무 어려운 거예요. 퇴근하고 몇 시간씩 하면 되겠거니 했는데 그게 말이 쉽지 현실은 다르더라고요.

그래서 뭔가 하나를 하기 위해서는 하나를 포기해야겠다고 생각했고, 두 가지 중에 마음이 더 가는 쪽을 선택하자 했는데 그게 그림이었던 거예요. 직장을 다니면 안정적으로 생활할 수는 있겠지만 그걸 감안하고 그림 그리는 걸 선택했던 것 같아요.

그럼 그 결정에 가장 크게 작용한 건 무엇이었을까요?

제가 진짜로 하고 싶은 게 뭔지 스스로 판단이 섰기 때문에 가능했던 일인 것 같고, 그게 제일 중요한 것 같아요. 저와 마찬가지로 직장에 다니시는 분들 중에도 그 일이 진짜 하고 싶거나 혹은 그 직장이 진짜 맘에 들어서 다니시는 분들도 있을 거 아니에요.

그래서 중요한 것이든 사소한 것이든 뭔가를 할 때는 항상 정말 본인이 원하는 게 뭔지 명확하게 아는 게 중요하다고 생각해요. 그게 제일 컸던 것 같아요.

인스타그램에서 그림을 그리신 지도 벌써 1년이 됐는데 그동안 그림 그리는 것 자체가 지겹게 느껴진 순간은 없었나요?

없었어요. 그런데 그림을 계속 그리다 보면 반복적인 포맷들이 많이 나와요. 그러다 보면 자가복제하는 기분이 살짝 들 때도 있거든요. 그럴 때마다 좀 새로워지려고 노력하는 편이기는 해요.

그럼 자가복제한다는 생각이 드는 것 자체가 슬럼프일까요?

그런 것 같아요. 아무래도 저 스스로 그림 작업이나 제가 하는 일에 의심이 든다면 그게 슬럼프 아닐까요?

그걸 어떻게 극복하세요?

일단 저는 자기가 하는 일에 의심이 든다거나 슬럼프를 느끼는 것 자체가 되게 긍정적인 신호라고 생각해요. 그런 걸 느낄 기회도 없이 무조건 지속하기만 한다면 발전이 없다고 생각하기 때문이에요.

저는 그런 상황에 처할 때마다 긍정적으로 생각하려고 노력하는 편이에요. 슬럼프가 찾아오면 주로 인스타그램에 들어가서 그동안 제가 올렸던 피드를 처음부터 하나하나 다시 살펴봐요.

그러면 진짜 순수한 마음으로 재미있게 그림을 그리고 인스타그램에 올리며 즐거워하던 감정들이 다시 올라와요. 초심이라고 하기엔 좀 거창하고 그냥 처음 시작할 때 느꼈던 감정들이에요. 그러면 진짜 꺼져가던 열정이 다시 타오르는 것 같아요.

옛날 그림들을 가만히 들여다보기도 하면서 일단 일을 접고 생각을 좀 많이 하는 편인데, 구체적으로 말하면 이 일을 하면서 내가 정말로 추구해야 하는 방향이 무엇인지, 앞으로 어떻게 생각하고 어떻게 생활하고 어떻게 그림을 그려야 지치지 않고 오래오래 이 일을 재미있게 할 수 있을지에 대한 생각들을 많이 해요.

슬럼프를 극복하는 데에 예전의 피드 못지않게 댓글 또한 도움이 될 것 같은데, 혹시 기억에 남는 댓글이 있다면 몇 개 말씀해 주실 수 있을까요?

한번은 제가 작업한 걸 인스타그램에 하루 이틀 정도 연달아 올린 적이 있는데, 그림들의 주제나 분위기가 좀 염세적이라고 느껴지셨나봐요.

한두 번씩은 의도적으로라도 긍정적인 그림을 올리려고 하는데 제 성격이 엄청 긍정적이라기보다는 좀 염세적인 면도 있나봐요. 그래서 그런 그림을 연달아 올리니까 어떤 분이 저한테 요즘 많이 힘드냐고, 괜찮냐고 물어보시는 거예요. 그 DM 받고 좀 많이 놀랐었죠.

사실 그런 반응들에 감동받는 이유가 인스타그램에서 그저 그림으로만 저를 대하는 게 아니고, 그림 그리는 사람 그 자체로 봐주시는 것 같아서 그럴 때마다 감사하기도 하고 되게 기분이 좋아요.

작가님이 생각하시는 가장 작은 단위의 성취는 무엇일까요? 일에서든, 다른 것에서든.

자기 전에 꼭 하는 게 있는데, 저는 다음 날에 해야 할 일을 정리하지 않으면 잠을 못 자요. 그래서 그걸 체크하는 게 제 하루 일과 중 가장 작은 단위의 성취 같아요.

일적인 면에서는 적어도 이틀에 한 번은 그림을 꼭 올리려고 한다는 것. 그게 제일 작다고 하면 작은 단위의 성취일 거예요. 그런데 웃긴 건 다음 날에 뭘 할지 계획을 세우고 나면 그 다음 날 또다시 똑같은 계획을 세워요. 왜냐하면 안 지켰기 때문에. 물론 지키는 날도 많지만요.

그런데 이런 걸 반복하는 게 저만 그런 건 아니잖아요. 다른 사람들도 작년 새해 소원이랑 다음 해 새해 소원이랑 똑같고 그렇잖아요. 그래도 괜찮으니까 한번 해보는 것도 나쁘지 않아요.

방금 말씀하신 것처럼 자기 전에 계획을 세우고, 이틀에 한 번이라도 그림을 올리는 것 같은 작은 성취들이 작가님에게 어떤 영향을 주었다고 생각하시나요?

작지만 오늘 하루도 내가 뭔가 해냈다는 그런 생각이 들면 삶의 원동력이 되는 것 같기도 해요. 그래서 아침에 일어나자마자 이불 개고 청소기 한번 쫙 돌리고 하면 몸이 깨어나기도 하지만 그렇게 하루를 시작하면 내가 또 하나 해냈다는 생각이 들어서 그게 또 하루를 살아가는 힘이 되는 것 같아요.

물론 하루도 빠짐없이 매일 그러지는 못하고 가끔씩 안 하는 날도 있긴 한데, 많이 힘들 땐 안 해도 돼요. 장기적으로 꾸준히 하는 게 더 의미 있는 일이니까.

누누씨를 통해 작가님이 어떤 가치를 얻으셨는지 여쭤보고 싶은데, 누누씨 이전과 이후의 삶이 달라진 점이 있을까요?

달라진 점은 아주 많아요. 앞에서 완벽주의자 이야기를 했었는데, 게으른 완벽주의자 같은 거 있잖아요. 제가 그게 진짜 심했거든요. 했다가 안 되면 접고, 했다가 안 되면 접고 그랬으니까요.

그런데 계정을 시작하면서 꾸준히 해보니까 좋은 결과가 생기게 되고 그러면서 '안 되는 일은 없다' 하는 식의 가치관이 좀 생긴 것 같아요.

이건 계정에서 해본 적 없는 솔직한 이야기인데, 사실 저는 제가 재미없으면 안 하거든요. 먼 훗날의 이야기이긴 하지만 엄청 나중에 제가 이 계정을 접고 다른 일을 할 수도 있잖아요.

저는 제가 재미있어야 하는 사람이라서 나중에 제가 진짜로 흥미가 떨어지고 '더 이상 이건 지속할 수 없겠구나, 아쉽지만 아름다운 이별을 해야겠구나' 하는 생각이 들 만큼 하기 싫어질 수도 있잖아요. 그러면 그때 누누씨 계정 활동을 하면서 얻은 그런 가치관이 새로운 일에 도전하는 데에 크게 영향을 미칠 것 같아요. 하면 안 되는 일은 없다고 생각해요.

내가 재미있어 하는 일로 성공을 하고, 또다시 시작하는 일도 두려워하지 않는 것, 그건 모든 사람들이 꿈꾸는 일이잖아요. 그러면서도 선뜻 시도하기 어려운 일이기도 한데, 그렇게 재미있게 일하는 걸 꿈꾸는 사람들에게 해주고 싶은 말이 있다면?

사실 지금도 그렇지만 예전에 저는 진짜 아무 것도 안 하는 사람 중 하나였거든요. 맨날 누워 있고. 그런데 일단 하면 돼요. 수첩에 연필로 그리든, 갖고 있는 태블릿에 그리든 뭐라도 좋으니까 일단 꾸준히 계속 그려서 올리는 거예요. 그냥 자기가 하고 싶다고 생각이 드는 일이라면 될 때까지 물고 늘어졌으면 좋겠어요.

왜냐하면 진짜로 해도 안 되는 일이 따로 있는 게 아니고, 될 때까지 안 해서 그렇게 되는 거라고 저는 생각해요. 일단 뭐라도 좋으니까, 이상한 거라도 좋으니까 자기가 정말 활동하고 싶은 곳에 한번 올려보는 시도를 하는 게 좋은 것 같아요.

이건 좀 'TMI'인데, 제가 고등학교 때 공모전에 엄청 미쳐 있어서 맨날 출품하고 그랬거든요. 그런데 공모전에서 떨어지거나 자기가 원하는 결과가 나오지 않더라도 그걸 실패라고 생각하지 말고 그냥 자기가 한 도전에 대한 하나의 결과물이라고 생각하면 좋을 것 같아요. 이렇게 해서 이런 결과가 나왔으니까 다음에는 좀 더 잘해서 이런 결과를 만들어보자 하는 거죠.

사실 잘 안 해도 하다 보면 늘어요. 그러니까 너무 처음부터 잘하려고, 좋은 성과를 내려고 노력하기보다는 그냥 생각하지 말고 행동으로 해보는 게 가장 좋은 방법인 것 같아요.

공모전 탈락도 실패가 아니라 결과 중 하나일 뿐이다, 너무 좋은 말인 것 같아요. 공모전 이야기 혹시 조금만 더 구체적으로 해주실 수 있을까요?

제가 나이에 비해 삶이 좀 다사다난했다고 해야 할까, 굴곡이 되게 많아요. 왜냐하면 지금도 그렇지만 하고 싶은 일이 엄청 많았거든요. 제가 연출과 입시를 준비했었는데 그때 한 달에 한 번은 꼭 공모전에 글을 써서 내거나 영상을 찍어서 내려고 엄청 노력했던 것 같아요.

근데 공모전에 열 번 출품하면 한 번 당선될까말까 하거든요. 그래서 큰 기대감을 안고 출품했는데 당선이 안 되면 막 슬픈 거예요. 나는 충분히 잘했다고 생각하는데 왜 떨어졌지 하는 자괴감도 들고. 근데 시간이 지나고 보면 나 같아도 이 작품은 안 뽑겠다 하는 생각이 들더라고요.

그럼에도 왜 공모전에 꾸준히 도전했을까요?
사실 그렇게 꾸준히 넘어지다 보면 굳은살이 생긴다고 해야 할까요. 그래서 공모전이든 다른 어떤 활동이든 저는 한 번은 넘어져야 한다고 생각해요.

왜냐하면 계속 걷다 보면 나중에 크게 한 번 넘어지는 날이 오거든요. 그렇다고 꼭 넘어지라는 말은 아니지만. 갑자기 넘어지면 어떻게 해야 할지 모르거든요. 그래서 미리 시행착오를 겪으면 그다음에 어떻게 해야 회복할 수 있는지 좀 알게 되는 것 같아요. 그래서 그건 살면서 필수로 겪어야 하는 시간이자 과정이라고 생각해요.

지금 하시는 일의 최종 단계가 있다면 그때는 어떤 모습일지 상상해보신다면요?
일단 제가 오래오래 재미있게 그림을 그리는 게 제가 바라는 최종 단계의 모습이고요.

이건 좀 기대일 수도 있는데, 저는 팔로워 분들이 아무 생각 없이 제 그림을 보면서 실소라도 좋으니까 그냥 피식 웃을 수 있는 그림을 그리는 게 제 목표예요.

그리고 한 가지 더 바라는 게 있다면 제가 흥미를 잃지 않고 꾸준히 그림을 그려서 나중에 인생의 막을 내릴 때쯤 제일 재미있던 일을 생각하면 누누씨 활동이 가장 먼저 떠올랐으면 좋겠어요.

아, 이건 진짜 큰 바람인데, 팔로워 분들과 함께 나이가 들어가면 그것도 되게 재미있을 것 같아요. 나이가 들어서 '그때 그런 그림 그리는 사람 있었잖아'라고 말해주는 분들이 있다면 좋겠고, 그리고 그런 사람이 되는 게 제 목표입니다.

상상해보니 되게 뭉클하네요. 만에 하나 다른 버전의 시작을 위해 누누씨 계정의 마지막 포스팅을 올리게 된다면 그때는 어떤 포스팅을 하게 될 것 같으세요?

아마 여태까지 그렸던 그림과 크게 다르지 않은 그림을 올리면서 짧고 강하게 인사를 남기고 갈 것 같긴 해요.

여건이 된다면 제 육성으로 영상 편지를 남기는 것도

재미있을 것 같고. 아니면 진짜 어이없게 한마디만 남기고 사라지는 것도 재미있을 것 같아요. 저는 마지막까지 재미있는 사람이고 싶습니다.

말 나온 김에 연습한다 생각하시고 한마디 짧고 강렬하게 부탁드려도 될까요?

'그렇게 됐다!' 끝입니다. 스토리 등에 자세한 이야기를 하긴 하겠지만 그렇게 올리지 않을까 싶네요. 저는 잊어도 괜찮으니까, 그래도 가끔씩 제 그림 보면서 웃어줬으면 좋겠다고. 그거면 돼요.

'그렇게 됐다' 이건 정말 누누씨 같았어요.

당연하죠. 제가 누누씨니까요.

"일단 하면 돼요. 원하는 결과가 나오지 않더라도 실패라고 생각하지 말고 그냥 자기가 한 행동에 대한 하나의 결과물이라고 생각하면 좋을 것 같아요. 사실 잘 안 해도 하다 보면 늘어요."

MENTAL 1주 도전
_오늘의 작은 실패들 털어내기

몇 번 넘어져보면

MON
- [ ]
- [ ]
- [ ]

TUE
- [ ]
- [ ]
- [ ]

WED
- [ ]
- [ ]
- [ ]

THU
- [ ]
- [ ]
- [ ]

작은 시행착오를 통해 회복하는 법을 알 수 있게 됩니다.
나의 굳은살이 되어줄 시행착오를 적어볼까요?

회복하는 법을 알게 된다

FRI

☐

☐

☐

SAT

☐

☐

☐

SUN

☐

☐

☐

후기

프레젠트모먼트 운영자

하츠 INFP

"누워 있고 싶을 때
일어나면 하고 싶은
일을 할 수 있어요"

안녕하세요. 산타를 믿는다면 누구나 들어올 수 있는 비밀창고의 존재를 여러분은 알고 계신가요?

저는 1년 내내 크리스마스를 준비하는 산타의 비밀창고, '프레젠트 모먼트'를 공동 운영하고 그곳에서 산타를 돕는 요정들에 대한 '프레젠트모먼트툰'을 연재하고 있는 창고 지킴이, 하츠라고 합니다.

정말 누워 있고 싶을 때 '일어나자!'라고 할 때가 저에게는 가장 큰 단위의 성취인 것 같아요. 누워 있지 않다 보니 하고 싶은 일을 해나가게 되고, 하고 싶은 일을 해나가다 보니 또 그다음 일로 나아갈 수 있게 되고 발전할 수 있는 것 같아요.

모트모트 **안녕하세요! 어떻게 지내셨어요?**

_{하츠} 크리스마스 시즌에는 거의 죽다 살아났는데요, 지금은 잠깐 휴식기에 있습니다. 찾아주신 모든 분들 덕분에 열심히 준비한 선물들이 제 주인을 만난 것 같아요.

요즘 데일리 루틴이 어떻게 되시나요?

지키고 싶은 데일리 루틴은 아무래도 일찍 일어나 출근 전에 운동도 하고 그러는 거였는데 잘 못 지켜요. 공간을 오픈한 지 얼마 안 되다 보니 새벽에 퇴근할 때도 아직 많아서요.

사실은 완벽한 계획보다는 아침에 일어나 출근하기 전에 집에서 밥이라도 제대로 챙겨먹고 나오려고 하는데, 아직은 많이 힘든 상황입니다. 잠을 자는 시간 외에는 거의 프레젠트모먼트에서 일하고 있는 것 같아요.

크리스마스를 위한 선물 공간을 만든다는 게 금방 떠올릴 수 있는 아이디어는 아닌데 학창 시절 하츠님은 어떤 사람이었는지, 그리고 꾸준히 좋아하는 취미가 있었는지 이야기해주시면 감사하겠습니다.

중고등학교 때 제 책상 위에는 항상 뜨개질 재료가 있었어요. 그래서 뜨개질을 많이 했고, 또 엄청 귀여운 캐릭터의 만화책이나 소설책들이 항상 옆에 쌓여 있었어요. 쉬는 시간에 항상 좋아하는 걸 할 수 있도록 준비해놓는 걸 굉장히 사랑하는 편이었어요.

그리고 교과서가 있으면 어떤 책이든 거기에 소설을 쓰거나 만화를 엄청 그려놓는 편이었어요. 그렇게 틈틈이 꾸준하게 제가 좋아하는 것들을 많이 해왔던 것 같아요.

사실 고등학교 2, 3학년, 딱 수능 공부에 집중해야 할 때 공부보다 이런저런 다른 것들에 더 많이 빠져 있었던 기억이 나요. 특히 홍대에서 인디 뮤지션들 공연 보는 걸 굉장히 사랑해서 밤낮으로 야자도 빼먹고 공연을 보러 가곤 했었어요.

그런 취미를 갖게 된 계기나 영향을 준 사람이 있을까요?
저 어릴 때 어머님들 사이에서 퀼트를 하거나 트리 모양 천으로 인형을 만드는 게 되게 유행이었어요. 그래서 어머니께서 천으로 된 인형들을 많이 만드셨는데, 그것들을 보는 게 너무 좋았던 기억이 있어요.

그리고 아버지께서 굉장히 다정하신 편이어서 어릴 때 인형을 정말 많이 사주셨어요. 그래서 예쁘고 귀여운 것들을 계속 보고 자라다 보니 보드랍고 귀여운 것들에 대한 호감과 흥미가 커지지 않았나 싶습니다.

그때 좋아하는 것들을 맘껏 할 수 있었던 경험이 지금 하는 일에 어떤 영향을 끼치고 있나요?

어머니께서 한 번도 반대하지 않으시고 제가 좋아하는 것들을 꾸준히 하게 해주신 것이 되게 커요. 제가 공부는 안 하고 낙서만 하고 있으면 혼내실 법도 한데, 그러지 않으셨거든요.

그래서 제가 할 수 있는 가장 효율적인 방법들을 찾게 된 것 같아요. 이를테면 그림을 그리고 싶을 때는 그림을 그리고, 공부를 하고 싶을 때는 공부를 하는 식으로요.

무엇보다도 좋아하는 걸 계속해도 괜찮다는 확신을 얻게 된 게 가장 큰 것 같아요. 그러다 보니 시간이 지나 내가 좋아하는 것들만 모아놓은 공간을 꾸려도 괜찮겠다는 생각을 자연스럽게 하게 되지 않았나 싶어요.

'산타의 비밀창고'라는 공간을 만들고 싶다는 생각을 본격적으로 하신 건 언제였나요?

생각해보면 중고등학생 때부터 항상 내가 꾸리고 싶은 공간이 있었어요. 이를테면 마시멜로우를 무료로 나눠주고 캠핑을 할 수 있는 공간을 만들고 싶다는 생각도 했었고, 중국 전통 먹거리인 탕후루를 정말 사랑해서 예쁜 탕후루와 당고를 나눠주는 카페도 만들고 싶다고 생각했고요.

그런데 그때는 내가 어떤 공간을 만들 수 있는지를 잘 몰라서 기껏해야 카페 말고는 다른 생각을 아예 못했던 것 같아요.

오히려 커가면서 나 자신에 대해 더 잘 알게 되고 자신감도 생기면서 아예 장난감만 잔뜩 있는 가게를 만들어도 정말 행복하지 않을까? 혹은 누군가에게 선물을 하고 싶을 때 '선물을 사려면 그곳에 가야지!'라고 말할 수 있는 곳을 만들면 모두가 매일매일 크리스마스처럼 행복하지 않을까? 하는 생각을 하면서 공간을 꾸리게 됐던 것 같습니다.

막상 비밀창고를 만들려면 공간과 인테리어 등 많은 준비가 필요해서 쉽게 결정할 수 있는 일이 아니었을 텐데 실천하게 된 결정적 계기가 있었을까요?

제가 지금 인스타툰에 연재하고 있는 〈기요와 친구들〉이라는 제목의 이야기가 있는데, 이 친구들이 산타의 비밀창고에서 일하는 요정들이에요. 이야기를 연재하면서 이 친구들이 살고 있는 공간을 실제로 만들고 싶다는 생각이 들었어요.

그래서 '산타의 비밀창고란 어떤 곳일까?' 그리고 '사람들에게 그것이 어떻게 전달될 때 가장 행복감을 줄 수 있을까?' 그런 생각을 하면서 이 공간을 기획하게 됐죠. 생각해보면 인스타툰을 연재하면서 그걸 실현하고 싶었던 게 가장 큰 계기였던 것 같아요.

인스타툰을 하다 보니 '이 아이들이 머무는 공간을 진짜로 만들어야겠다'라면서 더 자극을 주었던 거네요?

맞으면서 아니에요. 기요와 친구들은 이곳에 살고 있고, 저는 친구들의 이야기를 관찰하고 전달한 것뿐이니까요.

산타의 비밀창고가 가지고 있는 '세상의 모든 빨간 코들을 위해'라는 메시지가 너무 좋았는데, 거기에 대해 설명해주실 수 있을까요?

우리가 익히 알고 있는 캐럴 중에 〈울면 안 돼〉라는 제목의 곡이 있잖아요. 그 캐럴의 가사를 보면 울면 안 되고, 떼쓰면 안 되고, 그러면 산타 할아버지가 선물을 주지 않을 거라고 말을 해요.

그런데 사실 우리가 살면서 힘든 순간들도 아주 많고, 떼쓰고 싶은 순간들도 있고, 화를 내는 게 할 수 있는 전부인 순간들도 있잖아요. 또 우는 게 나의 최선의 방어인 순간들도 있을 테고요.

선물을 받기 위해 그런 모든 순간들을 참아야 한다면 너무 불합리하다고 생각해요. 그래서 각자의 삶을 살아내고 있는 모든 사람들에게 선물 같은 시간을 주고 싶다고 생각했고, 그러다 보니 이 공간에 대한 슬로건이 '세상의 모든 빨간 코들을 위해'가 되었어요.

'울어도 된다', 너무 좋네요. 그런데 잘 우시는 편인가요?
굉장히 잘 웁니다.

산타의 비밀창고를 만드는 과정에서 많은 고민과 시행착오가 있었을 것 같은데 어땠나요?
'어떻게 하면 사람들이 크리스마스 같은 순간을 느끼게 할 수 있을까'에 대한 고민을 계속 했어요. 그래서 단순히 예쁜 공간을 꾸미는 것이 아니라 가장 세심한 마음으로 하나하나 공간을 구성하려 노력했던 것 같아요.

안정감을 느끼게 해주는 벽의 색깔을 고르는 것부터 오래전 아주 많은 시간을 들여 만든 정성이 담긴 가구들과 소품을 공간에 구성하는 일까지요. 공간의 모든 요소에 마음을 담으려 했어요. 그래야 오시는 분들이 진짜 산타의 비밀창고에 왔다고 느끼실 거라 생각했어요.

아직 부족한 점이 많지만, 계속 고민하고 또 노력하고 있습니다.

이 비밀창고가 만들어진 지도 시간이 조금 흘렀잖아요. 그러면 처음 이걸 시작했을 때와 다르게 주변의 시선에 변화가 있었나요?

주변에서 내가 이 일을 하는 걸 취미라고 생각하는 분들이 많았던 것 같아요. 나는 분명 이걸 직업으로 삼고 싶다고 했는데 '그래, 취미로 잘해봐라' 이런 말을 듣기도 했어요. 그래서 처음에는 조금 서운하기도 하고 서럽기도 했죠.

그럼에도 끝까지 응원해주시는 분들도 많고, 제가 그린 그림이 엄청 서툴어도 진심으로 바라봐주는 분들도 계시고 해서 결국 계속 할 수 있었던 것 같아요.

처음 공간을 만들 때 부모님께서도 굉장히 걱정을 많이 하셨어요. 만약에 요식업이라든가 카페 같은 걸 하면 그래도 수익이 조금 더 좋지 않겠냐는 생각을 하셨을 수도 있는데, 선물 가게라니…. 부모님 세대에게는 선물 가게라는 게 조금 생소할 수 있으니까요. 그러다 보니 처음에 걱정을 진짜 많이 하셨어요.

그러다가 생각보다 많은 사람들이 크리스마스에 진심이고, 프레젠트모먼트를 사랑해주시는 걸 보면서 걱정이 좀 줄어드신 것 같아요.

방금 말씀하신 내용이 하츠님이 하시는 일에 대한 외적 시선이었다면, 이 공간을 하기 전과 후 하츠님의 내적 변화가 있었을까요?

일단 〈기요와 친구들〉 연재에 대해 먼저 말하자면, 저는 앞서 말씀드렸던 것처럼 그림을 그리는 데에 두려움이 많은 편이었어요.

그래도 아직 최선을 다한 게 아니니까 최고의 결과가 나오지 않아도 괜찮다는 생각을 많이 했던 것 같아요. 그림을 그릴 때도 이를테면 그냥 집에서 쓰는 샤프라든가 볼펜 혹은 제대로 갖춘 수채화 도구가 아닌 휴대용 도구로 그림을 그리면서 나는 진심이 아니니까 괜찮다고 위로 삼아 생각했던 거죠.

그러다가 나는 진심이고 여기에서 최선의 결과가 나왔으면 좋겠다고 결심하고 그걸 제대로 구현해낸 순간부터 훨씬 더 즐겁고 훨씬 더 행복하고, 또 하고 싶은 것들이 많아졌던 것 같아요.

공간에 있어서는 항상 무언가를 만들고 싶다는 생각은 했지만 그게 제대로 실현 가능할지 생각해본 적은 없었어요. 항상 그냥 꿈만 꾸면서 '나중에 직장 생활하다가 퇴직하면 카페를 해야지' '은퇴하면 예쁜 뜨개방을 열어야지' 그런 막연한 생각들을 했었던 것 같아요.

그런데 그 생각들을 먼 미래로 미루지 않고 실현해보니 삶에 아주 많은 변화가 생기긴 했어요. 아직 미약하지만 계속 하나씩 결과를 만들어나가면서 하는 일에 대한 자신감도 늘었고, 그러다 보니 즐거운 일들이 계속 이어졌던 것 같아요. 역시 하고 싶은 걸 하는 게 진짜 최고이지 않나 하는 생각을 갖게 됐습니다.

이 공간을 운영하면서 소소하게 느끼는 행복은 어떤 것이 있을까요?

앞서도 좋아하는 일을 하는 게 최고인 것 같다고 말했는데, 이 공간은 완벽하게 저희가 원하는 취향만을 반영한

곳이다 보니 이 공간에 있는 것 자체가 행복이긴 해요.

우리가 사랑하는 것들을 들여놓고 우리가 사랑하는 공간과 분위기를 만들고, 그런 일들을 하다 보면 오픈 시간보다 훨씬 일찍 출근할 때도 많아요. 이 공간에 머무르고 있다는 것 자체가 행복하고 그것만으로도 성취감이 들어서 힘듦보다는 즐거움이 훨씬 큽니다.

영업시간이 끝나도 일부러 캐럴을 계속 틀어놓고 트리 조명을 켜놓을 때가 굉장히 많은데, 만약에 저에게 이 공간이 그냥 밥벌이 수단이기만 하다면 최대한 얼른 끝내고 빨리 집에 가고 그랬을 거예요. 이 공간과 분위기에서 빨리 벗어나고 싶었겠죠. 그런데 자꾸 공간에 있는 시간이 늘어나요. 정말 좋아하니까요.

캐럴은 아무리 들어도 항상 듣기 좋고, 트리는 아무리 봐도 늘 예쁘기 때문에 이 공간에 있어도 집에 있는 것처럼 편안하고 포근한 기분이 들어요. 좋아하는 공간에서 좋아하는 일을 하는 게 삶의 만족도를 엄청 높여주지 않나 하는 생각이 듭니다.

초반에 시작할 때 부모님께서 걱정을 많이 하셨다고 했잖아요.
이걸 업으로 이어가기 위해서는 꾸준한 노력이 있어야 할 텐데

실질적으로 어떤 노력을 하고 계신가요?

일단 공간을 운영하면서 이곳이 정체되어 있지 않았으면 좋겠다고 생각했어요. 기쁨을 주고받는 데에 있어서는 굉장히 많은 방법과 종류들이 있잖아요.

그런데 그 기쁨이 어느 하나로 정체되어 있으면 여기에서 이미 기쁨을 느낀 사람은 또 다른 기쁨을 찾기 위해 다른 곳으로 가겠죠.

그런데 이 공간에 오면 항상 새로운 기쁨과 새로운 행복을 느낄 수 있다면 그 기대감으로 또다시 이곳을 찾아올 거라고 생각해요. 그래서 계속해서 공간에 변화를 주기 위해 항상 노력하고 있어요. 물론 아직 부족한 점이 많지만요.

공간이 정체되지 않도록 노력하신다고 하셨는데 구체적으로 새로운 느낌을 주기 위해 어떤 시도를 하시는지 예를 들어 설명해 주실 수 있을까요?

이곳은 항상 크리스마스를 준비하는 곳이기 때문에 늘 크리스마스 분위기가 나지만, 항상 다른 즐거움이 있으면 좋겠다고 생각해요. 이를테면 이런 거예요.

12월에 트리를 꾸밀 오너먼트(장신구)를 소개하는 경우

그냥 단순히 다양한 종류의 오너먼트를 진열해두는 것이 아니라 '산타의 디너 파티'라는 주제로 마치 파티를 위한 상차림처럼 식탁을 꾸려 전시했었어요.

또 1월에는 사람들이 한 해를 어떻게 보낼지, 무엇을 이룰지 다짐하는 달이라고 생각해서 다같이 소원을 비는 열기구를 만들어놓기도 했죠. 이번에 열었던 양말 기획전에서는 '양말 꽃'이 피는 양말 나무를 제작했는데 많이 좋아해주셨어요.

이런 식으로 오시는 분들에게 인상적이고 감동적인 순간을 제공해드리기 위해 부족하지만 열심히 노력하고 있습니다.

창고 운영 외에 다른 도전을 시도한 적은 없나요? 가령 학창 시절에 있었던 도전이나 시행착오 같은 것들요.

지금은 그림을 그려 이야기를 전하고 있지만 원래는 글 쓰는 걸 굉장히 사랑하는 편이었어요. 잘 쓰지는 못해도 자주 썼던 것 같아요. 책을 읽는 것도 정말 많이 좋아했고요.

그러다 보니 누군가 만들어놓은 걸 보면 나도 만들고 싶듯이 책을 읽다 보면 글을 쓰고 싶다는 욕구가 들었요. 그래서 학창 시절에는 조금 못난 글이어도 열심히 쓰고 다시 고치고 또 열심히 쓰고 다시 고치고 하면서 완성해나 갔던 기억이 있어요.

지금 글 쓰는 일을 하고 있지는 않지만, 그때 열심히 이야기를 만들었던 시간들이 결과적으로 지금 〈기요와 친구들〉이라는 이야기를 만드는 데에 크게 도움이 되는 것 같아요. 결국 내가 했던 모든 시도가 유의미하지 않나 하고 느끼고는 합니다.

가장 작은 단위의 성취는 뭐라고 생각하시나요? 일상적으로 이루어지는 것도 괜찮아요.

저한테 있어서 가장 작은 단위의 성취는 누워 있고 싶을 때 일어나는 거예요. 저는 천성이 꽤나 게으른 사람이어서 누워 있는 걸 정말 사랑하거든요. 모든 걸 누워서 할 수 있다고 자부할 수 있을 정도로요.

그런데 사실 누워서 하다 보면 어쩔 수 없이 게을러지고, 어쩔 수 없이 여러 가지 핑계가 생기는 것 같아요. 그래서 정말 내가 누워 있고 싶다고 생각이 들 때 일어나는 거예요. 그때가 가장 작지만 저에게는 가장 큰 단위의 성취인 것 같습니다.

작지만 정말 어려운 일이죠. 그런 작은 성취들이 어떤 영향을 미친다고 생각하시나요?

방금 말씀드렸던 것처럼 스스로에게 핑계가 생기는 걸 최대한 방지할 수 있지 않나 싶어요.

그 첫 번째가 일어나는 일인 것 같아요. 누워 있지 않다 보니 일어나게 되고, 일어나 있다 보니 하고 싶은 일을 해나가게 되고, 하고 싶은 일을 해나가다 보니 핑계가 없어지고, 핑계가 없어지니 그다음 일로 진전할 수 있게 되고….

그런 흐름으로 제가 조금 더 발전할 수 있지 않나 싶습니다.

'누워 있고만 싶을 때 벌떡 일어날 수 있는 추진력으로 무엇이든 할 수 있다' 그런 건가요?

아, 맞습니다.

지금 이렇게 만들어진 공간은 하츠님의 축적된 경험과 시행착오들이 반영된 결과일 텐데요, 그것들 중 가장 도움이 된 경험은 무엇이었나요?

진부한 이야기일 수도 있지만 지나고 나서 '아, 이게 정말 나에게 도움이 됐구나'라는 생각이 들었던 건 아르바이트

1장 MENTAL

경험이지 않나 싶어요.

지금 제 공간과 비슷한 곳에서 아르바이트를 해본 적은 없고 주로 카페나 빵집에서 많이 했는데, 그릇을 깨뜨리기도 하고 음료를 흘리기도 하고 위험천만한 일들이 항상 많았어요.

그런 날에는 집에 와서 울기도 하고 그랬는데 그러면서 상황에 대처하는 방법, 손님을 응대하는 방법들을 자연스럽게 체득한 것 같아요.

어떻게 할 때 내가 힘들게 느끼지 않고 기쁘게 일할 수 있는지, 또 내가 일하고자 하는 방식이 어떤 방식인지 하는 것들을 배우는 데에 있어서 아르바이트가 정말 큰 도움이 됐어요.

그래서 당장 내가 원하는 방향이 아니더라도 많은 경험을 해보는 건 정말 큰 도움이 되는 것 같아요.

여러 가지 아르바이트를 했던 경험들이 지금 이 공간을 가꾸는 하츠님의 마음가짐에 영향을 주었다고 생각하시는 건가요?

네, 그렇죠. 언젠가부터 길거리에서 캐럴을 듣는 일이 흔하지 않아요. 크리스마스 당일에도 성대하게 캐럴을 들을 수 있는 곳이 잘 없죠.

그래서인지 예상보다 아주 많은 분들이 크리스마스에 프레젠트모먼트를 찾아주셨는데 그게 저희의 노력도 있겠지만 생각보다 사람들이 크리스마스를 즐길 수 있는 공간이 많지 않다는 걸 반증하는 거라고 생각했어요.

그래서 더 많은 사람들과 크리스마스를 즐기고, 나아가 모든 계절과 모든 순간에 크리스마스의 즐거움을 느낄 수 있는 곳으로 계속 남아야겠다고 생각했던 것 같아요.

당장은 어떤 결과가 나올지 모르지만 그럼에도 꾸준히 노력하면 그것들이 쌓이고 쌓여 사람들에게 완벽한 크리스마스 같은 순간을 만들어줄 수 있지 않을까 하는 생각이 들어서 요즘은 기쁜 상태입니다.

아르바이트를 하면서 기쁘게 일하는 방법, 일의 방식들을 자연스럽게 습득했던 게 지금 이런 일들을 하는 데에 바탕이 되었다고 생각합니다.

일적인 것 외에 하츠님 개인에 대한 이야기도 궁금한데, 개인적으로 하고 싶은 일이 있을까요? 예를 들면 '죽기 전에 이것만은 꼭 해보고 싶다' 그런 것?
죽기 전에 뜨개질을 해서 니트를 한번 꼭 떠보고 싶어요. 제 손으로 니트를 떠서 사랑하는 사람들에게도 주고 싶고.

완성본이 어설프고 부끄럽더라도 제 손으로 직접 만들어서 전달하는 걸 굉장히 좋아하는 편이거든요.

그리고 요리를 잘하진 못하지만 흥미가 있어서 마음 같아서는 항상 도시락을 싸서 다니고 싶고요. 또 내가 보기에도 '내가 나를 챙기고 있구나'라고 느껴질 만큼 따뜻한 아침밥도 멋지게 해먹고 싶습니다.

하츠님이 지금 하는 일을 게임이라고 생각한다면 '만렙'을 찍은 하츠님은 어떤 모습일까요?

저는 일도 굉장히 중요하지만 행복한 삶도 보장되어야 하는 사람인 것 같아요. 그래서 내가 억만장자라고 해도 나 스스로 달걀말이 하나 해먹을 수 있는 시간이 없다면 저는 행복하지 않을 것 같거든요.

그래서 제가 감사하게도 만렙을 찍게 된다면 틈틈이 〈기요와 친구들〉 혹은 또 다른 친구들이 생기면 그 친구들을 계속 세상에 전하고, 프레젠트모먼트를 통해 가장 크리스마스 같은 순간들을 계속 제공하면서도 집에 있을 때는 내가 사랑하는 사람들과 가장 맛있고 따뜻한 밥을 해먹고 뒷산을 산책하고 책을 읽을 수 있는 여유를 가진 그런 사람으로 살고 있지 않을까 싶습니다.

앞으로 이루고 싶은 목표로는 또 어떤 것들이 있는지 듣고 싶습니다.

아주 작게, 그냥 저의 개인적인 부분은 그림을 제대로 배워본 적이 없다 보니 그림이 많이 뭉개지기도 하고 그리는 데에 시간이 오래 걸리기도 해서 그리는 기술을 좀 더 키우고싶고요.

핑계일 수도 있지만 일을 시작한 지 얼마 안 되기도 했고 아직 공간을 꾸리는 데에도 미숙해서 시간 내기가 어렵다 보니 아직 큰 발전이 없긴 한데, 열심히 해서 그림을 통해 내가 전달하고자 하는 메시지를 충분히, 그리고 즐겁게 전달할 수 있도록 하고 싶습니다.

그리고 공간에 있어서는 사람들이 기쁨을 느끼는 순간이 언제인지 더 많이 생각하고 더 많이 반영해서 이 공간에 들어선 순간 잠시라도 현실의 힘든 일들을 잊을 수있도록 구성하고 기획하고 싶어요.

하츠님께서는 본인의 꿈을 직접 실행에 옮기고 있는 중이잖아요. 그런 입장에서 아직 시작을 망설이는 분들에게 해주고 싶은 이야기가 있다면요?

스스로 핑계를 만드는 일을 줄이는 게 가장 중요하지 않나 싶어요. 사실 이미 말씀드렸다시피 저도 무척이나 게으른 사람이기 때문에 수천 가지 핑계를 만드는 법을 아주 잘 알죠.

그런데 그러다 보면 나 스스로에게 가장 크게 실망하고 안타깝게 느끼는 것도 결국 나잖아요. 그런 순간을 만들지 않는 게 혹은 그 순간을 딛고 일어나는 게 제일 중요하지 않나 싶습니다.

그리고 사회로부터 인정받고 보기에 좋은 무언가를 해야 한다는 생각보다는 내가 지금 제일 좋아하는 게 무엇이고 내가 제일 하고 싶은 게 무엇인지 생각해보는 게 바로 꿈을 실현하기 위해 첫발을 내딛는 가장 좋은 방법이라고 생각해요.

"저는 천성이 게으른 사람이라서 누워 있는 걸 사랑하고, 모든 걸 누워서 할 수 있다고 자부할 수 있는데 그러다 보면 스스로에게 핑계가 생기는 것 같아서 일어나요. 누워 있고 싶을 때 벌떡 일어날 수 있는 추진력이라면 무엇이든 할 수 있습니다."

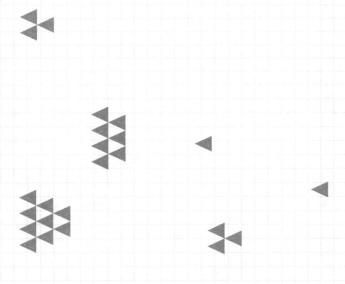

MENTAL 1주 도전

_오늘의 '3초 컷' 투두리스트(to-do list)

3초의 실행력만 있으면

MON
- ☐
- ☐
- ☐

TUE
- ☐
- ☐
- ☐

WED
- ☐
- ☐
- ☐

THU
- ☐
- ☐
- ☐

누워 있고 싶을 때 일어날 수 있다면, 모든 것을 할 수 있습니다.
3초 안에 빠르게 할 수 있는 오늘의 일이 있나요?

세상 못할 일이 없다

FRI

☐

☐

☐

SAT

☐

☐

☐

SUN

☐

☐

☐

후기

2장

ROUTINE

어제와 다른 오늘을
만들어내는
꾸준함의 기적

동기부여 연설가

달변가 영쌤 ENFJ

"작은 성취가
큰 변화를
만들어내요"

저는 '시작을 돕고 변화를 만드는 달변가 영쌤입니다'라는 문구로 유튜브를 하고 있고, 영어도 가르치고, 자기계발과 퍼스널브랜딩 강연도 하고, 책도 쓰는 작가입니다.

한마디로 MZ세대가 관심이 많은 'N잡러'이자 하고 싶은 거 다 하고 사는 달변가 영쌤입니다.

캐나다로 워킹홀리데이를 갈 때 저는 제가 일해서 번 돈만 가지고 갔어요. 다이어리도 8년이나 썼어요. 하루에 해야 할 일들을 보면 사소한 것들이었죠. 근데 이런 작은 성취들 덕분에 어쨌든 할 수 있다는 생각이 조금씩 쌓였던 것 같아요. 작은 성취들이 어느 순간 되게 큰 자신감과 자존감으로 바뀌어요.

모트모트 **안녕하세요! 데일리 루틴이 궁금해요.**

달변가 영쌤 수업이 월요일에서 목요일까지 오전 10시, 저녁 10시에 있거든요. 그래서 오전 8시 반쯤 일어나 바로 수업하고, 저녁 10시 수업까지 시간이 비니까 이때 프리랜서로서의 일을 하고 있어요. 수업 준비를 하거나 유튜브를 촬영하거나 글을 쓰는 일들을 주로 합니다.

금, 토, 일요일은 시간이 비어요. 원래는 이때도 일을 엄청 많이 했는데 요새는 약간 여유를 갖고 쉬기도 하고 친구를 만나기도 하고 있습니다.

본격적인 질문 전에 '엄마영어'라는 것도 하시는 걸로 알고 있는데, 그건 어떻게 시작하신 건가요?

제가 예전에 학원을 할 때 수강생 중에 어머님들이 좀 계셨어요. 저는 캐나다로 워킹홀리데이도 가고 동생도 여행을 다니고 하면서 영어를 배울 수 있었는데 엄마는 그럴 기회가 없는 걸 보면서 아쉽기도 하고 그랬거든요. 엄마가 있으니까 우리가 열심히 배울 수 있었던 거잖아요.

우리 엄마처럼 다른 어머님들도 그런 여행과 배움을 좋아하지 않을까 해서 '엄마만 모아서 영어를 가르쳐볼까' 했더니 다들 너무 좋다고 손뼉을 치더라고요. 그래서 그다음 달에 바로 어머님들을 모집하면서 시작하게 됐어요. 우리를 잘 키워주신 어머님들한테 보상해드리자 하는 마음으로요.

어머님들에게 용기를 준다는 게 되게 좋았고, 또 회식도 많이 해서 재미있었고요. 어머님들의 이야기와 학생들의 이야기가 결이 달라서 전 그게 너무 재미있어요. '아, 엄마들도 참 하고 싶은 말도, 하고 싶은 것도 많았구나' 이러면서.

그렇군요. 앞서 자기소개에서도 말씀하셨듯이 많은 성취를 이루면서 여러 가지 타이틀을 획득하셨는데 그렇게 되기까지의 이야기를 간단하게 설명해주실 수 있을까요?
일단 저는 경영학과 출신이라서 다른 친구들처럼 회사에 들어갈 생각을 하고 있었죠.

그러다가 문득 20대 중반까지 아직 해외를 나가본 경험이 없다는 걸 깨닫자 그렇게 20대를 보내는 게 너무 아쉽다는 생각이 들었어요.

그래서 무작정 외국을 경험해봐야겠다는 생각에 영어 공부를 하게 됐는데 그렇게 캐나다 워홀을 다녀오고, 페루에 봉사활동도 갔다 오고 하면서 세상이 진짜 넓다는 걸 알게 됐죠.

그러면서 우리나라 사람들도 영어만 조금 할 줄 안다면 세상 곳곳을 어렵지 않게 돌아다닐 수 있겠다는 생각을 했어요.

우리나라로 돌아와 본격적으로 영어 강사라는 타이틀로 일을 시작했죠. 처음에는 초중고 학생들을 상대로 영어 문법을 가르쳤는데 시험 위주의 교육이 저한테 너무 안 맞아서 성인 회화로 대상을 바꿨어요.

그때 블로그를 시작하게 됐는데 그게 반응이 좋아서 어학당에 공식으로 연재하기도 하고, EBS에도 나가고, 또 유튜브도 하게 되고, 글도 쓰게 됐어요. 그리고 나의 이런 스토리를 듣고 싶어 하는 사람들이 생기면서 퍼스널 브랜딩 강연도 하게 된 거죠. 모든 게 그렇게 쭉 연결되더라고요.

영어는 원래 잘하셨던 건가요?

원래는 못했어요. 영어 공부하는 걸 원래 안 좋아하기도 했고. 하마터면 졸업을 못 할 뻔했는데 운 좋게도 제가 졸업하던 다음 해부터 토익 점수가 반영돼서 다행히 영어 공부 걱정 안 하고 졸업했어요.

공부하는 걸 엄청 싫어해서 영어를 못했어요. 스물여

섯 살에 처음 여권이 생겼으니까 외국에 나가본 경험도 없었죠.

그럼 어떻게 영어 공부를 시작하신 거예요?

아까 말한 것처럼 20대가 그냥 지나가는 게 너무 아까웠어요. 20대라는 빛나는 시간을 아무것도 하지 않고 보낸다는 게 아쉽기도 했고, 또 친구들이나 후배들도 다 해외에 나가는데 나만 외국을 못 간다는 게 너무 좀 억울하기도 했달까.

그런데 해외에서 최대한 많은 경험을 하고 즐기려면 영어가 되어야겠구나 싶어서 그때부터 의사소통을 위한 스피킹 영어를 배우게 된 거죠.

당시 하던 일이 따로 있었다고 알고 있는데 그걸 병행하면서 공부를 하신 건가요?

그 당시에 제가 글로벌 스파 브랜드에서 일을 했거든요. 지금은 없어졌는데 명동에 가면 아시아에서 두 번째로 큰 4층짜리 매장이 있었어요. 규모가 크다 보니 얼마나 일이 바빴겠어요.

거기서 일하면서 퇴근 후엔 학원에 가서 공부하고 쉬

는 날엔 혼자 카페에서 공부하면서 독학을 했어요.

근데 가족력도 영향이 있는 게 저희 가족들은 다 그렇게 살았던 것 같아요. 엄마도 새벽부터 나가서 일하고 밤늦게야 돌아오시고, 동생도 마찬가지였고요.

그러다 보니 세상 사람들이 다 우리처럼 사는 줄 알았어요. '누구나 다 그 정도로 열심히 사는구나' 생각해서 사실 힘들다는 느낌은 없었던 것 같아요.

이야기가 나온 김에 청소년기를 어떻게 보내셨는지 들어볼 수 있을까요?

그 당시엔 키도 작고 몸도 왜소하다 보니 다른 애들의 타깃이 되고 그랬어요.

특출한 것도 없고, 인기도 없고, 그냥저냥 다른 또래 남자애들처럼 게임하고 축구하고 그런 애였어요. 학교에서 노는 애들이 모여 있거나 하면 그쪽은 쳐다보지도 못하고 그랬던 것 같아요.

전혀 그렇게 보이지 않으셔서 짐작도 못했어요. 그런데 지금은 그때와 완전히 달라지셨잖아요. 어떻게 그게 가능했을까요?

대학교에 들어가면서 너무 바뀌고 싶었어요. 대학교에는

저의 그런 모습을 아는 사람이 없잖아요. 그래도 고등학교 때 열심히 공부한 덕분에 원하는 대학교에 갈 수 있게 됐고, 나를 아는 사람이 없는 그곳에서 이미지를 바꿔보려고 노력했던 것 같아요.

쾌활하고 사람과 어울리기를 좋아하는 느낌을 주고 싶었어요. 실제로 사람을 좋아하기도 했고요. 그래서 그렇게 계속 자기최면을 걸 듯이 노력하다 보니 실제로 성격이 바뀐 것 같아요.

다양한 사람들을 많이 만나면서 자연스럽게 점점 더 제가 바라던 성격으로 변한 것 같아요. 운 좋게도 대학교에서 좋은 사람들을 많이 만났는데 그 사람들을 닮고 싶다고 생각하다 보니 더 적극적으로 변화할 수 있었던 것 같아요.

캐나다 가셨던 이야기 조금 더 들어보고 싶은데 제가 알기로는 직접 아르바이트를 해서 여비를 버셨다고요?

맞아요. 제가 일해서 모은 돈으로 캐나다 갈 때 비행기 표 랑 체류하면서 필요한 돈을 마련했는데, 스파 브랜드에서 1년 일하고 받은 퇴직금하고 실업급여 나온 것까지 다 모으니까 한 300만 원 정도 되더라고요. 그걸로 가게 됐죠.

그때 나 스스로 뭔가 해냈다는 데에서 오는 자존감이 되게 컸고, 대단한 걸 한 건 아니지만 어쨌든 나 혼자서도 얼마든지 할 수 있다는 생각이 조금씩 커졌던 것 같아요.

그전에는 해외는 돈이 많아야만 갈 수 있다고 생각했고, 해외여행도 부자들만 가는 거라고 생각했거든요. 그런데 세상에는 저처럼 스스로 노력해서 돈을 모아 유학을 가거나 여행을 가는 사람들이 진짜 많더라고요. 그런데 그런 성취들이 진짜 큰 자신감과 자존감으로 돌아와요.

'영쌤'이라는 이름으로 활동하기 시작한 건 언제이고, 또 어떻게 만들어진 건가요?

2016년부터예요. 캐나다에서 돌아와 초중고생들 대상의 입시학원에서 영어를 가르쳤는데 그때부터 '영쌤'이라는 타이틀을 썼죠.

요즘에는 '달변가 영쌤'이라고 이야기하는데 '달변가'라는 수식어를 붙이기 시작한 건 2018년인가 2019년 때부터였던 것 같아요.

그때 주변의 반응은 어땠나요?

처음 입시 학원에 들어갔을 때는 아무한테도 이야기 안 했어요. 바쁘기도 했고. 그러다가 2017년부터 본격적으로 성인 영어 회화를 가르치기 시작했는데 그때 주변 반응은 글쎄요, '네가 갑자기 영어를 가르쳐?' 하며 놀라는 사람들이 많았고요.

부정적인 의견은 기억나는 게 없어요. 특별히 그런 반응은 없었던 것 같고, 그냥 열심히 해봐, 멋있다, 이런 이야기들을 많이 들었던 것 같아요.

경영학과 출신이 영어 강사가 된다는 게 사실 신기한 일이기도 하니까요. 그래서 놀라거나 응원해주는 사람들이 많았어요.

지금은 영어 강사라기보다 1인 사업가의 타이틀을 가지고 계시잖아요. 1인 사업가로서의 일을 처음 시작할 때와 어느 정도 반열에 오르고 난 뒤 주변의 시선이 달라지진 않았나요?
사실 영어 강사를 시작할 때도 저는 1인 사업가라고 생각했어요. 그렇더라도 본격적으로 사업자를 낸 건 올해부터였으니까, 굳이 비교하자면 1인 사업가라서 시선이 달라졌다기보다는 사업자를 낸 게 많아진 뒤로 시선이 달라졌다고 할 수 있죠.

제가 영어 강사이기는 하지만 원래부터도 항상 '나'라

는 개인으로 오롯이 서지 않으면 절대 안 된다 싶어서 글도 열심히 쓰고, 블로그 활동도 열심히 하고, 다이어리도 열심히 쓰고 했는데 그때부터 이미 사업가라는 느낌을 가지고 있었죠.

지금 성과가 많아지니까 사람들이 제 스토리를 듣고 싶어 하고, 응원도 해주고, 또 배우고 싶어 하고 그러는 것 같아요.

어쨌거나 1인 사업가라는 게 꽤나 고달픈 일이어서 시행착오도 많으셨을 것 같은데 초반에 좀 불안하지는 않으셨나요?

엄청 불안했죠. 사대보험도 없고 퇴직금도 없고. 영어 강사라는 직업이 학원마다 다르겠지만 기본급 없이 성과급이 100퍼센트였어요. 학생 수에 따라 돈을 벌 수 있는 구조였죠.

그래서 강사에 따라 수입이 천차만별이고 한마디로 빈익빈 부익부가 되게 심하더라고요. 그 세계에서 저는 한번도 '부'에 속한 적이 없어요. 잘해야 중간 정도여서 늘 불안했는데 그 와중에도 저는 그냥 믿었던 것 같아요.

그래서인지 저축을 잘 못했어요. 30대 초반이 되었는데 통장에 500만 원 정도 있었던 것 같아요. 그러니 당연히 불안하죠. 친구들이나 후배들은 다 결혼도 하고 직장에 다니며 보너스도 받고 그러는데 저는 그런 게 없으니까.

그런데 그때 그런 생각을 했어요. 분명히 나처럼 성과를 낸 만큼 돈을 버는 프리랜서들은 한번 그 성과가 터지면 단번에 그들을 뛰어넘을 수 있을 거라고요. 그렇게 믿고 계속 일했던 것 같아요.

그러면 1인 사업가로서 지금까지 가장 오랫동안 유지해온 노력이나 습관 같은 게 따로 있을까요?

사실 다이어리를 기록하는 게 제일 컸던 것 같아요. 거기에 더해서 글쓰기도 빼놓을 수 없고요. 학원에서 일하는 동안 항상 '학원이라는 수식어를 뺐을 때의 나는 어떻게 설명이 될까?'에 대한 생각을 많이 했거든요.

예를 들어 유명 학원을 다닌다고 하면 '유명 학원 강사'가 나를 설명하는 가장 큰 수식어잖아요. 그런데 '유명 학원'을 빼면 사람들에게 나를 어떤 사람으로 소개할 수 있을지 고민이 많았어요. 그때 내린 결론이 나만의 스토리가 있어야겠다는 거였어요. 그래서 계속해서 기록하고, 글을 쓰기 시작했고요.

수많은 자기계발서들을 봐도 모두가 글쓰기의 중요성

을 엄청 강조하고, 제가 멘토로 삼는 분들조차도 글쓰기를 강조하다 보니 더 그랬던 것 같아요.

강사는 무엇보다 말을 잘해야 하는데 글을 많이 쓰다 보면 말도 잘하게 되더라고요. 그래서 다이어리 기록과 글쓰기에 엄청 집중했어요.

글쓰기는 저에 대한 기록이기도 하지만 영어 블로그 같은 경우는 지식을 나누는 역할도 해요. 많이 나눌수록 저에 대한 영향력이 조금씩 커질 테니까 거기에 집중했던 것 같아요.

다이어리를 쓰면서 영향력을 넓히려고 노력했는데, 그 영향력을 넓히는 방법 중 하나가 글쓰기였던 거죠.

글쓰기가 영어 실력을 향상시키는 데에도 도움이 되나요?

어떤 식의 글쓰기를 하느냐에 따라 다른데, 글에다가 내가 공부한 걸 담아내려고 한다면 당연히 도움이 되죠. 글을 쓰면 결과적으로 '이게 뭡니다'라는 결론을 내야 하는데, 그러려면 정리를 해야 하잖아요. 그리고 정리를 하려면 알아야 하잖아요.

그래서 공부한 영어를 자기만의 방식으로 글을 쓴다면 진짜 도움이 많이 되죠. 저 같은 경우도 도움이 많이 됐는데 스피킹에 도움이 되기보다는 영어 공부의 원리처럼 배운 걸 다시 익힌다는 개념에서 도움이 많이 되죠.

글쓰기에 대한 이야기를 하다 보니 다이어리 이야기를 들어보고 싶어요. 8년 넘게 다이어리를 쓰셨다고 들었는데 계기가 있었을까요?
제 MBTI가 ENFJ인데 사실 저는 ENFP 성향이 훨씬 더 강하거든요. 스케줄 짜는 걸 싫어하고, 여행갈 때는 예약도 안 하고 가요. 가서 그냥 즉흥적으로 예약하고 돌아다니고 그런 타입이에요.

그런데 너무 그러다 보니 삶이 정돈이 안 되는 거예요. 하루 종일 뭘 해야 할지도 모른 채 우왕좌왕하다 시간이 그냥 날아가버리더라고요.

그런데 제가 아까 20대가 되게 소중하다고 이야기했잖아요. 그 20대가 그렇게 소비되는 게 너무 아깝고 더 이상 시간 낭비하면 안 되겠다 싶어서 그때부터 다이어리, 엄밀히 말하면 플래너를 쓰기 시작했어요.

그날그날 해야 할 일들을 하루하루 꼼꼼하게 기록하고 정리하다 보니 그게 벌써 8년이 됐고, 이렇게 다이어리도 만들게 됐죠.

그렇게 낭비하는 시간을 줄이기 위해 다이어리를 쓰신 게 영쌤에게 어떤 변화를 가져다주었을까요?

일단은 흔히 말하는 효율성이 높아진 것 같고 불안감이 훨씬 덜해졌죠, 할 일이 명확하게 정해져 있으니까.

이게 매년 쓰다 보면 다이어리 쓰는 법도, 스케줄 짜는 법도 점점 늘어요. 처음에는 엄청 오래 걸렸어요. 뭘 해야 할지도 모르고, 그러니 당연히 뭘 써야 할지도 막막할 수밖에 없었죠.

제 주변 사람들도 여기에 대한 고민이 많은데 다이어리 쓰는 것도 다른 업무 능력처럼 자꾸 하다 보면 늘거든요. 그래서 계속 쓰다 보니 일주일 동안 할 일에 대해 어떻게 플랜을 짜면 되는지가 점점 더 빨라지고, 그러다 보면 그 일들을 달성하는 것도 빨라지더라고요.

그래서 사람들이 저를 보고 일이 그렇게 많은데 그걸 다 어떻게 해내느냐고 신기해하는데, 다이어리를 쓰기 때문에 시간을 배분하는 게 약간 3D처럼 입체적으로 보이는 거죠.

결과적으로 꾸준히 다이어리를 쓴 게 여러 업무를 효율적으로 처리할 수 있는 능력을 키워주고 그에 따른 성과도 가져다준 셈이죠.

영쌤이 생각하시는 가장 작은 단위의 성취는 다이어리 쓰기인 거네요?

네. 정확히는 다이어리 체크죠. 다이어리 체크만큼 좋은 건 없는 것 같아요.

제가 캐나다를 갔다 왔다고 하면 되게 부자인 줄 알더라고요. 근데 저는 진짜 가난했거든요. 그때 제가 할 수 있었던 최고의 성취는 다이어리 체크하는 거였어요. 그날 하기로 한 걸 하는 거죠. 다이어리 사는 데에 쓴 2만 원 빼고는 돈이 안 들기 때문에 그게 제가 할 수 있는 최고의 성취였어요.

가장 작지만 가장 가치 있는 일. 그래서 그날그날 목표를 세우고 체크, 체크하는 게 최고의 성취였던 것 같아요.

그러면 다이어리에 데일리 체크를 하기 전과 후, 영쌤에게 어떤 변화가 있었나요?

성공한 많은 사업가나 사람들이 그런 말을 해요. '내가 어쩌다 성공했는지 모르겠다.' 그 사람들 전부 다 흔히 말하는 흑역사, 그러니까 엄청 별 볼 일 없던 시절이 다 있는 거죠. 심지어 일론 머스크도 사람들에게 무시당하는 정말 아무 것도 아닌 사람이었는데 그렇게 성공했잖아요.

제가 이렇게 인터뷰를 하는 것처럼 이런 해프닝 같은 일들 자체가 다이어리를 쓰고 나서 많이 생겼어요. 갑자기 방송국에서 연락이 온 것도, 다른 대형 학원에서 러브콜이 온 것도, 유튜브가 잘된 것도, 책을 낸 것도 전부 다 다이어리를 쓰고 나서 생긴 해프닝이었어요. 다이어리 쓰기 전에는 아무 일도 일어나지 않았죠.

지금도 영어 강사로 활동을 이어가면서 가르치는 영역이 점점 더 확대되고 있는데 그러기 위해서는 끊임없이 공부하고 노력해야 할 것 같은데 어떠세요?

영어 공부는 놓지 않고 거의 매일 하고 있어요. 아무래도 한국에 살다 보니 당연히 영어 스피킹 실력이 줄거든요. 그런데 가르치는 사람은 보여주는 부분도 되게 커서 다른 분들 강의 자료나 유튜브를 보면서 많이 배우고 활용도 하면서 매일 공부하죠.

사실 저에게 최고의 영어 공부 중 하나는 블로그에 글을 쓰는 거였어요. 공부한 걸 글로 적어 전달해야 하니까. 그런데 요새는 블로그는 안 하고 있죠.

시중에 나와 있는 영어책들을 많이 사서 그걸 보면서 공부하기도 해요. 저한테 부족한 부분이나 제가 미처 모르

서가명강

서울대 가지 않아도 들을 수 있는 명강의ㅇ

NAVER 네이버와 유튜브에서

서가명강 🔍 을 **검색**하세요.

프레임
굿 라이프

최인철 지음 | 값 17,000원

서울대 행복연구센터장
최인철 교수가 전하는
나 그리고 내 삶을 바꾸는
심리학의 지혜

위어드

조지프 헨릭 지음 | 유강은 옮김 | 값 42,000원

서구 문명은 어떻게 세계를 지배하는가?

서구의(Western), 교육 수준이 높고(Educated), 산업화된
(Industrialized), 부유하고(Rich), 민주적인(Democratic).
5가지 키워드는 어떻게 현대 서구 문명의 번영을 가져온 걸까?
인류 역사를 따라 문화, 제도, 심리의 공진화를 파헤치다.

둠 재앙의 정치학

니얼 퍼거슨 지음 | 홍기빈 옮김 | 값 38,000원

2020년 팬데믹 비극에 대한
니얼 퍼거슨의 역사적 분석

문명의 흐름을 짚어온 21세기 최고의 경제사학자 니얼 퍼거슨
이 코로나19와 분투하는 세계 앞에 전 지구적 재앙의 역사를 되
새긴다. 앞으로 인류 사회에서 반복될 재난 속에서, 그는 회복
재생력과 함께 위기에 더 강한 사회적 · 정치적 구조를 구축해
야 함을 역설한다.

제프리 삭스 지리 기술 제도

제프리 삭스 지음 | 이종인 옮김 | 값 32,000원

7번의 세계화로 본 인류의 미래

인류의 현재와 미래에 대한 대책에 천착해온 세계적인 경제 석
학 제프리 삭스가 기후변화와 팬데믹 앞에서 다시금 우리가 해
야 할 일을 상기시킨다. 제프리 삭스는 지난 7만 년 동안 인류
가 거듭해온 발전과 쇠퇴, 협력과 갈등의 흐름을 살펴 위기의
시대를 극복할 통찰을 제시한다.

세상에서 가장 쉬운 본질육아

지나영 지음 | 값 18,800원

존스홉킨스 소아정신과
지나영 교수가 알려주는 궁극의 육아 원칙

육아의 본질에 대한 새로운 시각으로 부모의 삶을 반추해보고,
육아의 핵심인 '잠재력, 사랑과 보호, 가치, 마음자세'를 자녀에
게 전달할 수 있는 실천법과 예시를 담았다.
부모는 홀가분한 마음으로 삶의 근본을 보여주고 아이는
더 단단해져 스스로의 삶을 개척하게 될 것이다.

임포스터

리사 손 지음 | 값 18,000원

가면을 쓴 부모가
가면을 쓴 아이를 만든다!

베스트셀러 《메타인지 학습법》 콜롬비아대 바너드칼리지 리사
손 교수는 왜 '임포스터'를 이야기할까? 자신을 숨기고 가면을
쓰며 불안을 느끼는 '임포스터'가 되는 순간, 메타인지는 작동
될 수 없다. 완벽주의에 시달리는 한국 부모들을 위한 메타인
지 실천편을 소개한다.

메타인지 학습법

리사 손 지음 | 값 15,000원

EBS 부모특강
화제의 베스트셀러!

생각하는 부모가 생각하는 아이를 만든다.
같은 시간 공부해도 다른 결과를 내는 '메타인지 학습법'. 실패
와 실수를 거듭하며 메타인지를 습득하는 아이들에게 리사 손
교수의 학습법은 최고의 가이드가 될 것이다!

이런 수학은
처음이야 1~3

최영기 지음 | 값 15,800원

청소년 분야 베스트셀러!
서울대 수학교육과 교수의
10대를 위한 수학 강의

읽다 보면 저절로 개념이 잡히는
놀라운 이야기!

홀리데이
T.M. 로건 지음 | 천화영 옮김 | 값 23,000원

**"나와 가장 가까운 사람들, 우리는 과연
그들에 대해 얼마나 잘 알고 있을까?"**

전 세계 100만 부 판매 작가 T. M. 로건이 강렬한 심리스릴러로
돌아오다! 프랑스 별장으로 떠난 일주일의 휴가, 말할 수 없는
비밀을 가진 세 가족, 그리고 그들 속에 숨어 있는 한 명의 살
인자에 대한 이야기. 예측할 수 없는 완벽한 결말이 한시도 눈
을 뗄 수 없게 만든다.

예언의 섬
사와무라 이치 지음 | 이선희 옮김 | 값 18,800원

"나는 예언 때문에 저주를 받아 죽게 될 거야."

영능력자 우쓰기 유코는 죽기 전에 '20년 후 저 너머의 섬에서
참극이 일어나 여섯 명이 죽는다'는 예언을 남긴다. 아마미야
준은 죽마고우들과 함께 호기심에 섬으로 향하고, 다음날 아침
친구 하루오가 바다에 시신으로 떠오르는데…! 『보기왕이 온다』
로 호러소설대상을 수상한 사와무라 이치가 새롭게 선보이는
악마적 문제작!

반지의 제왕 1~3
J.R.R. 톨킨 지음 | 김보원·김번·이미애 옮김 | 값 126,000원
(전3권)

**새롭게 만나는 판타지 문화의 걸작!
국내 최초 60주년판 전면개정완역판**

현대 판타지 문학의 원류이자 고전으로 꼽히는 『반지의 제왕』.
톨킨의 번역지침과 해외 최신 개정판의 내용을 반영하고, 초판
본의 고유성을 살린 디자인으로 새롭게 태어난 『반지의 제왕』
은 독자들에게 깊은 감동을 선사할 것이다.

실마릴리온, 끝나지 않은 이야기, 가운데땅의 지도들 SET
J.R.R. 톨킨 외 지음 | 김보원 외 옮김 | 값 165,000원

**J.R.R. 톨킨의 가운데땅 신화를 담은
본격 대서사시!**

가운데땅의 모든 시대를 관통하는 풍성하고 깊이 있는 신화, 현
대 판타지 문학을 탄생시킨 최고의 고전이자 걸작인 톨킨 세계
관을 이루는 가장 핵심적인 이야기들을 담은 책.

는 부분들을 채운다는 느낌으로 공부를 하는 거죠. 매일 공부하면서 내가 가지고 있는 지식을 더 잘 전달할 수 있는 최상의 방법을 찾는 것 같아요.

듣기에는 고달프게 공부를 하신 것 같아요. 구체적으로 어떻게 공부하셨고, 또 어느 정도 됐을 때 이제는 누군가를 가르쳐도 되겠다고 생각하셨는지요?

사실 제가 처음 가르친 학생들은 돈을 환불해주고 싶어요. 그만큼 제 실력이 좋아서 시작했다기보다 시작하면서 깨달은 부분이 더 많았던 것 같아요. 그래서 첫 1년은 너무 힘들었어요.

솔직히 캐나다 갔다 와서, 테솔(TESOL)도 했으니까 이 정도면 가르쳐도 되겠다고 오만하게 시작했다가 그때 엄청 깨졌죠. 못 가르치니까 당연히 수강생이 확 줄었죠. 이게 단순히 나 혼자 영어를 하는 것과 전달하는 건 완전히 다른 분야더라고요.

그러면서 어떻게 하면 잘 가르칠 수 있을까 계속 연구하고 공부하고 연습하다 보니까 1년 지나서 조금씩 익숙해지기 시작했죠.

저는 영어 공부 같은 경우는 분류해서 하는 편이에요.

이 공부법은 글쓰기에 도움이 된다, 이 공부법은 스피킹에 도움이 된다, 이 공부법은 리스닝에 도움이 된다, 이 공부법은 문법에 도움이 된다 하는 식으로 분류해서 일주일 스케줄 사이사이에 껴놨어요. 이날은 문법, 이날은 스피킹, 이날은 리스닝, 이날은 단어 외우기 이런 식으로 나눠서 그날그날 해야 할 공부를 했죠. 이건 특히 캐나다 있을 때 많이 했어요.

영쌤으로 활동하면서 제일 크게 보람을 느끼신 건 언제인가요?
저는 일단 재미있다는 말을 들으면 좋아해요. 수업도 재미있게 하는 걸 좋아하고, 많이 웃으면 좋은 수업이라고 생각하는 편이에요.

가장 보람찬 순간이 지금 바로 물밀듯이 떠오르지는 않지만 많은 수강생들이 영어가 정말 재미있다고 말해줄 때가 진짜 보람 있죠.

당연히 영어를 오래 공부하는 건 어려운데 '어렵다'와 '재미있다'는 별개의 문제거든요. 재미있으면 꾸준히 할 수도 있고 어려워도 할 수 있으니까. 실제로 영어 때문에 삶이 약간 변한 것 같다는 말을 들을 때 되게 보람을 느껴요. 그런 순간들이 가장 기억에 남는 것 같아요.

영어를 배우면서 삶이 변했다고 이야기하는 수강생들 중에 기억에 남는 에피소드가 있을까요?

'엄마영어'를 하면서 '제이미'라고 처음에 엄청 영어를 무서워하고 어려워하던 분이 있었어요. 그분이 지금 저랑 벌써 3년째 공부하고 있거든요.

그분이 얼마 전에 길을 지나가는데 외국인이 길을 막고 있어서 자기가 영어로 "Excuse me"라고 말을 했다는 거예요. 그러니까 외국인이 "I'm sorry" 하며 길을 비켜줬다고 저한테 자랑을 하시더라고요. 자기가 드디어 외국인과 대화를 텄다고!

진짜 짧은 대화이지만 어쨌든 외국인을 상대로 영어로 말할 수 있는 용기가 생긴 거니까 수업하면서 다 같이 막 박수쳐주고 그랬죠.

슬럼프 같은 건 없으셨나요? 제일 크게 왔던 때에 대해 이야기해주실 수 있을까요?

코로나19 때는 다 같이 겪은 위기였기 때문에 슬럼프라고 말하기 어렵고. 슬럼프는 크게 오기보다 가끔 작게작게 왔던 것 같아요. 내가 수업도 못하는 것 같고, 별 볼 일 없는 것 같고, 성장하지도 못하는 것 같고.

그런데 저는 슬럼프 자체를 훈장이라고 생각해요. 슬럼프는 노력하지 않는 사람에게는 절대 안 오기 때문이에요. 슬럼프는 무언가를 해낸 사람들, 노력한 사람들이나 겪는 거지 아무것도 하지 않는 사람한테는 슬럼프 자체가 절대 올 수가 없죠. 그렇게 생각하고 슬럼프가 올 때는 그냥 쉬었어요.

그냥 원 없이 게임하고, 원 없이 만화책 읽고, 원 없이 맥주 마시고. 그때는 일정도 안 지켜요. 다이어리에도 슬럼프라고 적고 아무 것도 안 해요. 그런 식으로 작게작게 오는 슬럼프를 그냥 극복하는 거죠. 나의 슬럼프를 부정하지 않고 인정하는 것 자체가 건강하게 극복하는 방법이라고 생각해요.

영어 공부가 지겨워지는 순간도 있었을 것 같은데 어떤가요?

당연히 있었죠. 어떤 사람들은 영어에 학문적으로 빠져드는 게 재미있어서 공부하는 경우가 있어요. 그런 사람들은 높은 시험 점수를 받는 데에서도 쾌감을 느끼죠. 그런 사람들은 공부가 재미있어서 하는 걸 텐데 저는 그쪽은 아니었거든요. 제가 영어 공부하는 게 지겨웠을 때는 딱 그때였어요. 토익(TOEIC) 공부할 때.

지금의 저는 영어와 한국어와의 차이점을 발견하고 공부하는 게 너무 재미있어요. 한국어는 이런데 영어는 왜 이렇지? 영어는 왜 시제가 이런 게 있지? 그런 걸 공부하다 보니 그게 쌓이고 쌓여서 수강생들에게도 알려주게 되고, 수강생들이 그걸 잘 사용하면 또 그게 재미있고 하니까 그런 쪽의 영어 공부가 지겨웠던 적은 없어요.

물론 단어 외우는 게 짜증은 났었죠. 자꾸 까먹으니까. 저도 단어 많이 까먹어요. 일고여덟 번 까먹고 다시 외우고 하면서 지금까지 오게 된 거죠.

그렇더라도 사람들에게 영어를 가르치기 위해 공부하면서 지루하거나 지겨웠던 순간은 없던 것 같아요. 왜냐하면 더 많이 알아야 가르쳐줄 게 많고 그래야 학생들도 배울 게 많을 테니까요.

끝으로 하고 싶은 말이 있으시다면요?

저는 많은 사람들이 용기를 꼭 가졌으면 좋겠어요. 시작한다는 용기! 결국에는 시작이 중요한 것 같아요. 물론 시작이 가장 어렵죠. 많은 사람들이 '시작을 못하겠어요'라고 말하는데 제가 해온 걸 보면 누구나 할 수 있거든요, 시작은.

그 과정에서 힘든 시간도 있겠지만 수많은 시작들을 하면서 본인이 좋아하는 걸 찾고 거기에 몰입할 수 있으면 좋겠습니다.

그러다 보면 다른 사람들처럼 어느 순간 갑자기 많은 게 이루어져 있을 거예요.

"할 일이 명확하게 정해져 있으면 불안함이 훨씬 덜해요. 다이어리 쓰기도 다른 업무 능력처럼 하나의 능력이라서 하다 보면 늡니다. 기록하는 것도, 달성하는 것도 빨라져요. 다이어리 기록 습관은 제게 업무 처리 능력과 성과를 안겨주었습니다."

ROUTINE 1주 도전
_다이어리 기록 습관 만들기

오늘의 목표

MON	
TUE	
WED	
THU	
FRI	
SAT	
SUN	

아주 작더라도 다이어리에 기록하고 체크하는 습관을 기른다면 나중에 많은 것이 변해 있을 거예요.

MON
완료

TUE
완료

WED
완료

THU
완료

FRI
완료

SUN
완료

SAT
완료

©최모레

"가장 기본은
평소 체력을
키워놓는 것"

일러스트레이터 윤예지예요. 프리랜서로 일하면서 그림을 그리고요. 주변에서 제 그림을 어렵지 않게 찾을 수 있을 거예요. 서점에 가서 제가 그린 책들을 보실 수도 있고, 길에서 행사 포스터로도 마주칠 수 있어요. 매장에서 제품 패키지로 만날 수도 있고, 집 앞에 배송된 포장 보냉백에 제 그림이 있을 수도 있어요. 여러분과 멀지 않은 곳에 제 그림이 있답니다.

내가 하고 싶은 거 하려면 가장 기초가 되는 건 체력을 키워놓는 거예요. 놀고 여행하는 것도 체력이 있어야 하는 건데 하고 싶은 걸 못하면 너무 서럽거든요. 운동이라는 게 귀찮고 짜증나기도 하지만 하다 보면 양치질 하듯이 습관처럼 할 수 있게 돼요.

모트모트 안녕하세요! 데일리 루틴이 어떻게 되시는지요?

윤예지 저는 꽤나 규칙적으로 하루를 꾸리는 타입이에요. 아침에 한 9~10시쯤 일어나요. 미라클 모닝의 삶을 살고 싶지만 막상 일어나면 9시, 10시예요.

일주일에 두어 번 오전 운동을 갔다가 밥 먹고 출근해서 일하다 밤 11시쯤 퇴근해요. 집에 가서 책을 좀 보다가 새벽 1~2시쯤 잠들어요.

프리랜서이다 보니 주말이랑 평일을 구분하지 않고 지내는데, 그러다가 어느 날은 사람을 만나기도 하고 어떤 날은 전시를 보러 가기도 해요. 특별한 이벤트가 없으면 여지없이 작업실로 출근하고요.

제일 최근에 작업하신 건 어떤 게 있나요?

제가 항상 일이 많아서 꽤 많은 프로젝트들을 매번 한꺼번에 작업하고 있는데요, 그중 굵직한 작업들만 몇 개 꼽아볼게요.

최근에는 '카라동물영화제', 그리고 '유어보틀위크'라는 제로웨이스트 행사 포스터들을 만들었어요. 그리고 국제앰네스티와 함께 '세계인권선언문–존엄을 외치다' 캠페인 작업을 했고요.

121

2장 ROUTINE

'카라'나 '앰네스티' 작업 같은 경우에는 경제적인 목적이 아닌 사회 문제와 관련된 일이잖아요. 그런 작업들을 하시게 된 이유가 있을까요?

특별한 이유가 있다기보다는 꾸준히 작업을 하다 보니 자연스럽게 저한테 어울리는 일들이 들어오더라고요. 요새는 소셜 미디어에 작업물만 올리는 게 아니라 일상도 보여주니까 이 작가가 평소에 어떤 문제에 관심이 있는지 어느 정도는 알게 되잖아요.

저도 자연스럽게 제 관심사와 관련한 목소리를 내게 되었는데, 그러다 보니 앰네스티나 카라 같은 단체에서 먼저 프로젝트 제안이 왔어요.

평소에 세상의 사각지대에서 일어나는 일들에 관심이 많아서 그림을 통해 우리가 사는 세상을 아주 조금이라도 좋은 곳으로 바꿀 수 있다면 좋을 것 같았는데, 그래서 도전하게 되더라고요.

물론 다른 작업보다 난이도가 있지만 그걸 잘해내면 큰 성취감이 생겨요. 들이는 시간과 정성에 비해 비용을 많이 받지 못하더라도 장기적으로 보면 제 작업의 스토리도 확장되고 그게 또 다른 작업으로 이어지기도 하니까 결국 윈윈인 것 같아요.

사회 문제와 관련된 분야와 협업을 하면서 작가님의 가치관에 변화가 생긴 게 있을까요?

저는 저와 다른 건 진짜 잘 못하거든요. 하는 척 시늉만 하는 걸 잘 못해요. 평소에도 환경이나 동물, 인권 같은 문제에 관심이 많았는데 그런 분야의 작업들을 하게 되니까 스스로 공부하면서 의무감도 생기고, 나 자신을 검열하게 되더라고요.

　제 그림을 아는 사람들이 '쟤는 그런 작업을 해놓고 저런 행동을 하네?'라고 하는 말을 듣게 될까 봐 평소에 지나쳤을 일도 더 신경 쓰게 된달까요?

　예전에는 혼자 실천하는 것에 그쳤다면, 요새는 거기에 더해 주위의 시선을 조금 더 의식하게 됐어요. 작업에서 내는 목소리와 진짜 내 목소리 사이에 괴리가 생기지 않도록 항상 노력하고 흐트러지면 안 될 것 같다는 생각이 들어요.

　조금 피곤할 수는 있어도 주변 사람들에게도 조금씩 변화가 생길 수 있다면 기쁠 것 같아요.

자기 자신에게도 당당할 수 있는 사람이 되기 위한 노력이라고 해야 할까요?

목소리를 더 잘 내기 위해서는 좀 더 공부를 해야 하는 것 같아요. 저는 어떤 사실을 논리적으로 잘 설명하는 쪽이 못돼요.

누군가에게 '그런 행동을 하면 안 돼'라고 말하고 싶은데, 상대방이 '왜?'라고 되물으면 그 사람을 설득시킬 수 있는 말이 잘 안 나와요.

예를 들어 최대한 플라스틱 사용을 줄이고, 비닐봉지도 안 쓰려고 하는데 "네가 안 써봤자 소용없어. 어차피 기업에서 대량으로 쓰는데 뭐!" 이렇게 말하면 논리적으로 반박하지 못해요.

다른 사람을 변화시키려면 내가 더 확실히 알아야 하고 그러려면 또 어느 정도 기본 소양이나 공부가 필요한 것 같아요.

어릴 적부터 그림이나 판타지 종류를 좋아하셨다고 들었는데, 그림에 관심을 갖게 된 계기가 무엇인지요?
뚜렷한 계기는 기억이 나지 않지만 어렸을 때부터 그림 그리는 걸 좋아했어요.

어린 시절 기억은 잘 못하는 편인데, 그림에 대해 남아 있는 제일 첫 기억이 있어요. 대여섯 살쯤에 동네 친구들과 같이 어느 선생님 한 분에게 그림을 배웠어요. 크리스마스쯤엔 고무판화로 카드를 만들었는데, 그게 제 일러스트의 첫 기억이에요.

돌이켜보면 매년 크리스마스 때마다 카드에 그림을 그리고 색칠해서 친구들에게 나눠주었던 것 같아요. 카드마다 매번 다른 그림을 그려주는 걸 좋아했어요. 어떤 특별한 계기로 그림에 입문한 적은 없고 모든 게 그렇게 자연스럽게 흘러왔던 것 같아요.

가족 중에 예술 분야와 연관된 사람이 한 명도 없어서 어떤 영향을 받거나 하진 않은 것 같고 아마 저만 전생에서부터 그림과 이야기 만들기 능력을 가지고 태어난 게 아닐까 싶어요.

어릴 때부터 그림책이랑 소설책 보는 걸 매우 좋아했거든요. 엄마가 그림책을 사주시면 내 취향의 그림만 계속 보고 내 취향이 아닌 그림은 아예 보지도 않았던 기억이 나요. 어릴 때부터 좋아하는 것에 대한 취향이 확고했죠.

그때 본인의 취향을 확고하게 추구했던 게 지금 작품 스타일에도 어느 정도 영향을 준다고 생각하시나요?
생각해보면 그 많은 그림책 종류 중에 전래동화나 사실적인 그림들보다는 상상력 가득하고 이색적인 그림이 있는 책들을 좋아했어요.

내 일상에서 접할 수 없는 이국적인 것들을 좋아하고 지향해서, 초창기에는 이런 점들이 많이 영향을 미쳤던 것 같아요. 유럽이나 미국 쪽 외국 작가의 그림 스타일을 많이 보고 흡수하려고 했는데, 작업을 계속하다 보니 어느 순간 다시 내가 있는 곳으로 돌아오더라고요.

먼 곳을 돌아 다시 내가 있는 이곳의 이야기와 이미지들을 그리고 싶어지면서 한 그림에 그것들이 혼재하게 됐어요. 많은 것을 포용하면서 스타일이 좀 더 넓어졌다고 해야 할까요? 여러 세상이 녹아들어 하나의 세계가 됐다고 해야 할까요?

그래서 이렇게 다양한 그림체를 갖게 되셨군요. 가족들이 꽤나 신기해하셨겠네요?

네. 저 또한 아직도 신기해요. 왜 나는 이 집에서 혼자 그림을 그리고 있지?

그리고 가족들 중에는 누구도 여행이나 새로운 것에 대해 호기심을 가지고 있는 사람이 없는데요. 저 혼자 되게 다르게 살고 있죠.

어느 순간부터 그림 그리는 걸 직업으로 삼아야겠다고 생각하셨나요?

제 경우에는 인생의 어느 한 순간에 이 길을 결심했다기보다 자연스럽게 흘러온 것 같아요.

초등학교 때는 화가가 되겠다고 했고, 중고등학교 때는 만화에 빠져서 만화가가 되어야겠다고 생각했거든요. 그 당시에는 일러스트레이터라는 직업도 몰랐고요.

만화를 그리다 보니 미대에 가야겠다 싶어서 미술학원 다니면서 입시 준비를 했고, 시각디자인과에 들어가게 됐죠. 그런데 막상 입학하고 보니 디자인과에서는 제 생각과 다르게 그림을 거의 그리지 않더라고요.

하지만 저는 디자인을 하기보다 그림을 그리고 싶은 열망이 더 컸기 때문에 판화과나 회화과 가서 수업을 듣고 그랬죠.

디자인과 졸업 후엔 대부분 다 회사에 취직하니까 부모님도 저더러 그래야 하지 않느냐고 하셨는데, 저는 그렇게 못할 것 같다고 하고 계속 그림을 그렸죠.

저는 제가 얼마든지 잘할 수 있을 거라는 확신이 있었거든요. 잘하지 못하는 일을 어떻게 하겠어요? 그래서 졸업하고 작업실 구해서 그림을 그리다 보니 이렇게 프리랜서로 살아오게 된 거죠.

어릴 때부터 계속 그림을 그리면서 한 길만 걷다 보니 주변에서도 제가 그림을 그린다는 걸 알고 있잖아요. 그러니까 그림 그릴 일이 있으면 주변 사람들이 모두 저한테 맡기게 되고, 그러면서 일이 꼬리에 꼬리를 물고 늘어나기 시작했어요. 그걸 잘 굴리며 꾸준히 하다 보니 자연스럽게 여기까지 왔네요.

대학 졸업 무렵 부모님께서도 취직을 해야 하지 않겠느냐고 말씀하셨다고 했는데 부모님 외에도 주변의 만류는 없었나요?

주변 친구들이 대부분 그림 작업하는 친구들이고 특히 친한 친구들은 상당수가 취직 안 하고 계속 작업을 하겠다고 결정한 경우가 많아서 우리는 그게 그냥 자연스러웠던 것 같아요. 끼리끼리 놀게 되나봐요.

대기업에 들어간 친구들도 있는데 제 주변에서는 아주 소수였고요.

부모님도 취직에 대한 건 그냥 살짝 던져보신 정도였지 강하게 주장하신 건 아니에요. 제가 고집이 세다는 걸 아셔서 '애는 어차피 저 하고 싶은 거 할 애니까' 하시면서 더 이상 강요는 안 하시더라고요.

개인적으로 작가님 역시 예술 분야에서 일하는 분인데 어떻게 그렇게 긍정적인 마인드를 가질 수 있는지 궁금해요.

처음에는 별 생각이 없어서, 그러니까 잘 몰라서 긍정적일 수도 있는 것 같아요. 회사생활 안 하고 제 세계에 빠져 살다 보니 요즘 들어 내가 참 현실적인 생각을 안 하고 살았다는 생각이 들어요. 그냥 잘되겠지 하면서 흘러가는 대로 살았던 것 같아요.

다행히 운이 좋아서 지금까지 잘 흘러왔고 여태 하던 것처럼 하면 되겠지 했는데 세상이 너무 빨리 변하고, 순식간에 새로운 게 올라오고, 나는 나이가 들고 하니까 이제 절실히 느끼게 되는 거예요. '지금까지처럼 살면 앞으로 어려울 수도 있겠구나, 계속 변화하고 노력해야겠구나' 그런 생각이 들어요.

세상은 톱니바퀴 맞물리듯 함께 돌아가는 거니까 다른 사람도 좀 더 보듬으면서 크게 봐야겠구나 하는 생각이 들어요.

뚝심이 있으셨군요. 그러면 거의 일생을 그림과 함께하셨는데 불안감이 들었던 순간은 없나요?

요새 슬슬 드는 것 같아요. 나이가 드니까 그림에 대한 불

©최모레

안보다도 세상과 노후에 대한 불안이 생겨요. 어릴 때는 모든 게 다 잘될 거라고 여기던 낙관주의자였어요. 그 생각이 조금씩 비관적으로 변하는 것 같아요.

후쿠시마 대지진 때 한 번, 코로나 팬데믹 때 한 번 세상을 보는 관점이 크게 변하면서 세상이 내 생각처럼 좋은 방향으로만 흘러가지는 않는구나 하는 생각이 들어요. 세상의 변화는 점점 빨라지고 제 몸과 마음은 이제 점점 더 느려지겠죠.

AI는 내 그림을 따라잡을까? 그럼 나의 노후는? 언제까지 그림을 그릴 수 있지? 내가 계속 건강하게 일상을 영위할 수 있을지에 대해 생각이 많아져요.

일러스트 작가로 일하시면서 아주 사소한 거라도 오랫동안 유지해온 습관이나 노력 같은 게 있을까요?
그림과는 관련이 없을 수도 있는데 저는 일러스트 작가로 계속 일하기 위해서는 마감 시간을 절대 엄수해야 한다는 생각이 있어요.

그건 타인과의 약속이기도 하고, 또 어떤 면에서는 제가 일종의 납품을 하는 입장이니까 약속 시간을 안 지키면 신뢰가 깨지는 거잖아요.

그래서 신뢰를 유지하기 위해서도 약속 시간은 철저하게 지키려고 항상 노력해요. 일을 시작하기 전에 약속을 지키지 못할 것 같으면 아예 못한다고 이야기하고, 한다고 했으면 어떻게든 지키는 거죠.

처음 이 일을 시작하실 때는 지금처럼 여기저기서 작업을 의뢰하지는 않았을 텐데 본인의 그림을 어필하기 위해 어떤 것들을 하셨나요?

지금은 자연스럽게 소셜 미디어에 그림을 올릴 수 있지만 제가 일러스트를 시작하던 초반은 그렇지 않던 시절이었거든요. 그 당시에 저는 개인 홈페이지를 만들어 그곳에 작업한 것들을 다이어리 정리하듯이 드로잉 일기를 올렸어요. 2005년부터 2010년까지 했던 것 같아요.

그걸 꾸준히 올리다 보니까 알음알음 그림을 보러 들어오는 사람들이 생기고 그러면서 제 그림을 좋아해주는 분들도 생기더라고요.

사람들이 제 그림을 보면서 '이 사람이 정말 좋아서 그림을 그리는구나'라고 느꼈던 것 같아요. 잘되고 싶은 욕심보다 순수하고 진솔한 마음으로 올린 그림을 좋아하고 편안하게 즐겨주셨던 것 같아요.

그렇게 5~6년씩 꾸준히 올리다 보니 사람들이 주목하고 좋아 했던 거겠죠. 혹시 그때 그림이 남아 있나요?

남아 있긴 하지만 한참 어린 시절의 감성들이라 다시 보기 에는 이제 좀 부끄러워요.

아카이빙 정리 같은 건 지금 하고 계신가요?

한 해 동안의 정리를 좀 하려고 해요. 제가 손으로 쓰는 일 기가 있어요. 하루 동안 뭘 했는지 간략하게 정리하는 건 데 매일 쓰지는 못하고 2~3주씩 몰아서 쓰거든요. 이 일기 도 한번 쭉 정리하고, 한 해의 파일들과 기록한 사진들도 정리하려고 해요.

예전 인터뷰를 보니까 그림책 호흡이 길어서 꾸준히 쓰는 게 어 렵고 뒷전으로 미루게 된다고 하셨는데, 그럼에도 최근 5년 사 이에 그림책을 여러 권 완성하셨잖아요. 미루지 않고 꾸준히 할 수 있었던 이유는 무엇일까요?

제가 책 일러스트 작업을 많이 하는데 보통은 다른 사람 이 쓴 이야기에 맞춘 그림을 그리는 일을 많이 했어요. 그 런데 사실은 내가 만든 이야기에 내 그림을 그린 그림책을 만들고 싶었거든요. 하지만 그렇게 작업한 건 두세 권 정도

밖에 안 돼요.

의뢰받은 일을 하다 보면 내 작업을 할 시간이 없거든요. 마감이 정해진 작업들을 계속 하다 보니 내 걸 온전히 생각해서 만들어낼 시간이 정말 부족해요. 사실 어떻게 보면 시간이 부족하다기보다는 너무 잘하고 싶어서 아예 시작을 못하는 거긴 하지만요.

그래서 오랜 기간 못하고 있다가 최근에 제 그림책을 하나 냈어요. 《산책 가자》라는 그림책인데 반려동물에 대한 이야기라기보다 코로나19 시대에 제가 본 장면들의 모음집이라고 할 수 있어요. 팬데믹은 한 번도 경험해보지 못한 너무 이상한 시대였잖아요.

지금까지 그림책을 구상하려고 할 때마다 뭔가 엄청난 이야기의 그림책을 만들고 싶다는 욕심으로 접근하다 보니 아무 생각도 하지 못했는데, 이번 책은 그런 욕심 없이 시작했어요. 굳이 그림책으로 출판할 생각도 없었고, 그저 혼자 보기 아까운 장면들을 엮어 독립출판물로 만들 요량이었죠.

그런데 욕심 없이 즐기면서 했더니 이게 결국 그림책으로 출간되더라고요. '아, 이렇게 처음부터 힘 빼고 접근해도 되겠구나' 싶었죠.

방금 말씀하셨던 《산책 가자》 같은 경우도 그렇고 다른 소개글을 봐도 일상의 작은 순간에서 영감을 얻고 그림으로 기록하는 습관이 있으신 것 같은데 그 점에 대해 예를 들어 설명해주실 수 있을까요?

제가 어떤 포인트에 갑자기 잘 꽂힐 때가 있는데, 2020년에는 그게 마스크였던 것 같아요. 마스크를 쓴 사람들의 모습이 너무 기묘해서 계속 그림으로 그렸죠. 슬프기도 하고 우습기도 하고 씁쓸하기도 하고. 사실 저는 유머러스한 장면들을 꽤 좋아하거든요.

산책을 하다가도 우스운 장면들을 많이 발견했어요. 겨울에 롱패딩 많이 입잖아요. 횡단보도 앞에서 기다리고 있는데 문득 주위를 보니까 똑같이 까만 롱패딩을 입은 사람들이 전부 다 하얀 마스크를 쓰고 신호를 기다리고 있더라고요. 그런데 그 모습이 마치 흑백 풍경처럼, 바둑판처럼 번갈아 있는 모습이 인상깊었어요. 그런 장면들을 통해 영감을 받아 이걸 그림으로 남겨봐야겠다 해서 만든 게 《산책 가자》라는 책이에요.

20대 때에는 감정과 관계에서 많은 영감을 받았다면 요새는 일상의 한순간이나 우연히 발견하는 유머에서도 꽤 많은 영감을 얻어요.

지금은 돈을 받고 그림 그리는 일을 하고 계신데 단순하게 생각해서 그냥 좋아서 그림을 그리던 때와 달라진 게 있을까요?

의뢰가 들어오면서 돈을 받고 그림을 그리기 시작하니까 그냥 좋아서 그릴 때처럼 그림이 그려지지 않던 시기가 사실 있었어요.

아마 다른 분들도 개인 작업이랑 클라이언트 작업이랑 괴리가 생기면서 잘 안 맞는 경험이 있을 거예요. 클라이언트 작업하면서 거기에 부합하는 그림을 그리다 보면 개인 작업을 할 때만큼 내 마음에 안 들 때가 있어요. 특히 프리랜서 초기에 많이 그랬어요. 그래서 수련을 좀 더 하고 싶어 유학을 갔죠.

해외에서 학교를 다니며 1년 정도 더 내 작업에 집중하는 시간을 가지면서 조금 나아졌던 것 같아요. 작업하는 시간이 길어지다 보니 안 맞던 것들이 조금씩 맞춰지면서 어느 순간 한 덩어리가 되더라고요.

그렇게 10년 넘게 하니까 지금은 내가 좋아서 하는 그림이랑 의뢰받아서 하는 그림이 조금 합치가 되고, 이제는 내가 뭘 할 수 있고 뭘 할 수 없는지, 내가 뭘 좋아하는지 확실히 알게 됐죠.

예전에는 그걸 잘 모르니까 일이 들어오면 무조건 했

고, 그래서 이상한 결과물이 나오기도 하고 그랬는데 이제는 의뢰가 들어왔을 때 나랑 맞는 작업인지 아닌지를 딱 판단해서 아니다 싶으면 거절할 줄도 알게 됐죠.

런던 유학생활에 대한 아쉬움이 조금 있다고 들은 것 같은데, 유학생활에 대한 이야기를 조금 해주실 수 있을까요?

제 목표는 사실 공부나 학위보다도 해외에서 일을 하는 것이었어요. 취직을 하지 않는 이상 해외에 나가 살 수는 없으니까 일단 학교에 들어간 거죠. 그래야 비자가 나오기도 하고요. 1년 공부하고 2년 비자 받아서 그 시간 동안 부단히 노력했어요.

제가 한국에서 일을 하다 간 거니까 나름 어느 정도 한다고 생각했는데 막상 가보니 영국에 잘 그리는 사람들이 얼마나 많은지, 내가 그렇게 잘하는 사람이 아니구나 싶어서 더 열심히 해야겠다고 생각했죠.

소셜 미디어도 없었으니까 클라이언트 리스트 만들어서 직접 메일도 보내고 포트폴리오 미팅도 하고 꽤나 고군분투했죠.

그렇게 수차례 미팅하고 실패하고 많이 그랬어요. 에이전시에 여러 차례 지원했는데도 계속 안 되고, 거절당하고 해서 좌절했는데 그래도 포기하지 않고 계속 보낸 끝에 몇 개 성공해서 일로 이어지기도 했죠.

언어 장벽 때문에 항상 너무 긴장됐어요. 미팅을 하면서도 내가 못 알아듣지는 않을까, 실수하지는 않을까 항상 두렵고 무서웠죠.

한국에 돌아오고 나서도 어떻게든 다시 해외로 나가 일을 이어나가고 싶은 마음이 있었는데 어쩌다 보니 결국 바쁘게 일하며 여행갈 새도 없이 눌러앉게 됐어요. 영국에서 돌아온 지 너무 오래돼서 지금은 내가 정말 그곳에 있었는지 기억도 잘 안 나요.

다행히 지금은 어디에 있든 상관없이 얼마든지 다른 나라의 일을 할 수 있는 시스템이 갖춰져 있어서 서울에 있으면서 해외 클라이언트 작업도 가능하니까 여기서 작업하는 게 좋아요.

작가님이 생각하시는 가장 작은 단위의 성취는 어떤 게 있을까요?
아침에 일어나서 짧게라도 운동하기. 이게 가장 작은 단위의 성취예요. 사실 저한테는 제일 어렵지만요. 아침에 일어나는 게 너무 힘들어서 언젠가부터 정해놨어요. '아침에 일어나면 바로 간단한 운동을 하자. 운동이 정 귀찮다면

10분이라도 스트레칭을 하자.'

　　10분 누워 있는 건 너무 쉬운데 10분 운동을 하는 건 너무 어려워요. 샤워하러 가기 전에 10분 스트레칭 하는 게 저의 가장 작은 단위의 성취인데 언제나 하기 싫고 시작하기 어렵지만 그래도 하고 나면 또 너무 좋아요.

스트레칭 하는 습관이 작가님에게 어떤 영향을 미칠까요?

오랜 시간 일을 하다 보니 저한테 가장 중요한 게 체력이거든요. 오래 앉아 일을 해서 그런지 어릴 때부터 척추 측만이 심해요. 원래는 운동을 정말 안 좋아했는데 나 스스로 불편한 데가 생기니까 어쩔 수 없이 운동을 하게 되더라고요.

　　스트레칭이나 운동을 꾸준히 하는 건 결국 아프지 않고 일을 오래하고 싶어서죠. 병원 한번 가면 시간과 돈이 너무 많이 들더라고요. 그리고 하루에 그려야 할 양이 있는데 몸이 아프면 그걸 채우지 못하고 밀리고 밀리고 해서 또 스트레스를 받잖아요.

　　내가 하고 싶은 걸 하려면 체력을 키워놓는 게 기본인 것 같아요. 하고 싶은 걸 못할 때 사실 너무 서럽거든요. 놀고 여행하는 것도 체력이 있어야 하는 거라서 그 생각을 많이 해요.

그래서 하기 싫어도 스트레칭이나 약간의 운동을 하는데 그게 별 거 아닌 것 같아도 계속하다 보면 체력이 좋아져요. 결과적으로 집중해서 일도 더 많이 할 수 있게 되니까 선순환인 거죠.

제가 소셜 미디어에 달리기하는 걸 올리니까 사람들이 제가 달리기를 되게 좋아한다고 생각하는데 사실은 옷을 갈아입고 달리기하러 나가기까지 항상 힘들거든요.

하하하, 마치 안 하면 죽는다고 생각하면서 하시는 것 같아요.
그렇죠. 이건 꼭 해야 해! 일상의 많은 것들이 그런 것 같아요. 작은 습관도 안 하다 보면 점점 더 하기 싫어져서 귀찮고 짜증나는데, '하자! 하자!' 그러다 보면 그냥 양치질 하듯이 당연히 해야 한다고 생각하고 하게 되는 것 같아요.

나가기까지 너무 힘겹지만 결국 달리고 나면 해냈다는 성취감에 기분이 꽤 좋아요. 달리기를 시작한 지 3~4년 됐는데 매일 최소 5킬로미터는 뛰자고 정해놓고 뛰어요. 하지만 3킬로미터부터 벌써 그만하고 싶다는 유혹에 빠져요. 그래도 참는 거죠. 내가 정한 목표까지는 해야 돼 하면서. 한번 포기하기 시작하면 그게 습관이 되는 것 같아요.

일러스트 작업을 하는 데에 있어서 이런 작업을 해보고 싶다거나 이런 걸 이루어보고 싶다는 게 있을까요?

좋아하는 게 많아서 협업해보고 싶은 사람은 언제나 많아요. 카라나 앰네스티와의 작업도 그렇고, 내가 평소 좋아하는 분야와 그림으로 맞닿을 때 재밌어요. 평소 좋아하는 작가님의 소설 표지 의뢰가 들어온다거나 하면 진짜 너무 기쁘죠.

저는 음악이랑 록 페스티벌도 꽤 좋아해서 제가 좋아하는 아티스트의 앨범 커버 작업도 하게 된다면 너무너무 행복할 것 같아요. 그들이 저를 알아주려면 제가 더 잘하고 더 유명해져야 할 것 같네요.

또 이루어보고 싶은 건, 전 보통 혼자 일하니까 바운더리가 정해져 있거든요. 그림은 2D 평면이잖아요. 그걸 좀 더 확장할 수 있는 방법이 없을까 생각해요. 공간에 적용한다거나 입체적으로 바꾼다거나. 협업할 수 있는 다른 팀이 있으면 좋을 것 같아요.

프리랜서라 혼자 모든 걸 하다 보니 늘 하던 대로 하게 되고 틀 밖으로는 잘 나가기 어렵더라고요. 애니메이션도 해보고 싶고, 하고 싶은 게 많은데 또 성향이 혼자 있는 걸 좋아해서 그게 항상 딜레마예요.

꼭 직업적인 것만이 아니더라도 앞으로 작가님이 이루고 싶은 목표가 있을까요?

이제 인생을 어느 정도 살았으니까 제가 저질러놓은 일들, 너저분한 주변들을 정리하고 싶어요. 정리하지 못한 물건들이나 기록들이 너무 산재해 있거든요. 그래서 앞으로는 더 벌리지 말고 그걸 정리하고 싶어요.

제가 작업한 것들도 아카이빙 해놓고, 안 쓰는 물건들도 정리하고, 인간관계도 정리까진 아니어도 점검이 필요하다는 생각이 들어요. 갑자기 내가 죽었을 때 사람들에게 폐 끼치는 것 없이 내가 남긴 것들이 깔끔하게 정리되어 있으면 좋겠어요.

죽음에 대한 키워드에 꽂힌 이유가 있나요?

요새 갑작스러운 죽음에 대한 생각을 많이 해요. 정확한 이유는 모르겠지만 이제 슬슬 장례식에 자주 가는 나이대가 돼서 그럴까요?

주변에서 가끔 갑작스러운 죽음이 생겨나기도 하고, 친구들의 반려동물들도, 그리고 부모님도 모두 나이가 들어가니 자꾸 그들이 사라진 세상을 상상하게 돼요.

나 자신도 어느 날 갑자기 자전거를 타고 가다 사고가

날 수도 있고, 달리기를 하다가 쓰러질 수도 있고, 언제든 죽을 수 있잖아요?

그래서 두 가지 생각을 해요. 대비를 좀 해야 하지 않을까 하는 것과 평소에 매순간 모두에게 잘해야겠다는 생각.

지금 하는 일을 게임에 비유해 작가님이 '만렙'이 되면 어떤 모습일지 상상해보신다면요?

만렙이 되면 더 이상 해야 할 것도 없고, 정리할 것도 없는 상태가 아닐까 상상해요.

저는 매일매일 할 게 많아서 마음이 엄청 바빠요. 요리도 해야 하고, 일도 해야 하고, 영화도 봐야 하고, 전시도 봐야 하고… 그 와중에 이것저것 정리도 해야 해서 가만히 있을 시간이 없어요.

아침에 일어나서 '오늘 할 게 정말 아무것도 없구나' 그런 상태를 한 번도 느껴본 적이 거의 없어요. '오늘은 이걸 해야 하는데… 아, 하기 싫다. 그래도 일어나야지' 그런 거죠, 항상.

그런데 무의 상태, 만렙이 되면 아무 것도 할 필요가 없을 것 같아요. 그러면 이제 편안히 죽어도 되지 않을까. 저는 어릴 때 가만히 누워서 무생물이 되고 싶다는 생각을 되게 많이 했거든요. 물론 저는 삶을 좋아해요. 열정적으로 내가 하고 싶은 걸 다하고 싶지만 그게 피곤할 때도 있거든요.

어릴 때부터 그걸 느꼈던 것 같아요. 내가 돌멩이가 되면 얼마나 좋을까. '나'라는 자아가 완전히 없는 상태면 좋을 것 같았어요.

만렙이 되면 돌멩이처럼 고통도, 욕망도 없이 내가 없는 그런 상태면 좋겠다고 생각해요.

"아침에 일어나 스트레칭을 하는 게 제일 어려워요. 10분 누워 있는 건 너무 쉬운데, 10분 스트레칭 하는 건 너무 어려워서 언젠가부터 아예 정해놨거든요. 항상 너무 하기 싫고 어려운데, 그래도 하고 나면 좋아요. 인생엔 참아야 할 게 너무 많아요."

ROUTINE 1주 도전

_간단한 운동 습관 만들기

	오늘의 운동
MON	
TUE	
WED	
THU	
FRI	
SAT	
SUN	

간단한 스트레칭이라도 운동하는 습관은 중요해요.
오늘부터 '오운완(오늘 운동 완료)' 한번 해볼까요?

MON
완료

TUE
완료

WED
완료

THU
완료

FRI
완료

SUN
완료

SAT
완료

"걱정 말고
하루에 20분씩만
해보세요"

안녕하세요! 저는 손글씨도 쓰고 문구점도 하면서 글씨 쓰는 허들을 낮추기 위해 노력하는 사람이에요.

제 첫 번째 직업은 인스타그램이랑 유튜브에 손글씨 콘텐츠를 올리는 거고, 두 번째 직업은 온라인·오프라인을 통해 글씨를 배우고 싶어 하는 분들께 도움을 드리는 거고, 세 번째 직업은 학교 앞에서 작은 문구점을 하면서 책도 쓰는 거예요.

손글씨를 쓰는 분들이 많이 늘어나서 행복해하는 사람 중 한 명입니다.

매일매일 꾸준히 하는 게 제일 어렵기는 하지만 생각해 보면 가장 쉬운 방법일 수 있어요. '하루에 5분씩만 부분부분 청소하면 대청소를 할 필요가 없다'는 말을 좋아해요. 힘들어도 조금씩 매일매일 하면 나중엔 믿기 어려울 정도로 쌓여 있을 거예요.

모트모트 안녕하세요! 데일리 루틴이 어떻게 되시나요?

펜크래프트 저는 5시에 일어나서 제가 좋아하는 원두로 커피를 내리는데요. 보통 다섯 가지 원두로 커피를 내리는데 씁쓸한 커피가 당길 때는 과테말라, 브라질 마시고 케냐도 한 세 종류 마셔요. 그날그날 눈 떴을 때의 컨디션이나 온도에 맞는 원두를 선택해 핸드 드립으로 내려먹어요.

핸드 드립 커피를 좋아해서 한 7년 정도 매일 마시고 있는데 요즘 유행하는 리추얼이랄까, 나만의 의식 같은 걸 아침마다 7년 동안 하고 있었던 것 같아요.

그런 다음 '클래스101'을 켜서 강의에 질문 들어온 것들 정성스럽게 답변드리고, 스마트스토어 들어가서 발주 확인하고, 그리고 필사를 시작하는데 요즘 하고 있는 필사는 영어 성경과 한글 성경, 《돈키호테》 이렇게 세 개를 하고 있고요. 셋 다 양이 엄청 방대해요. 성경은 말할 것도 없고 《돈키호테》도 완역본은 2,000페이지 정도 되거든요. 매일매일 하다 보면 노트가 쌓여가는 게 재미있어서 필사를 계속해요.

직업과 관련된 것 외에 다른 루틴도 있으신가요? 그리고 그것들을 꾸준히 할 수 있는 본인만의 비법이 있을 것 같은데요?

필사에 이어서 클래식기타 연습도 해요. 악기 연주는 매일 하는 게 좋다고 해서 매일 시간을 정해놓고 하다가 언젠가부터 횟수를 정해서 하니까 좀 더 명확한 계획을 세울 수 있더라고요. 특히 연주곡 같은 경우에는 시간을 정해놓고 하는 것보다 횟수를 정해놓고 하는 게 훨씬 더 효율적이더라고요.

필사 같은 경우에도 양이 엄청 방대하면 사실 힘들어요. 아무리 써도 끝이 안 나기 때문에 그럴 때는 노트 떼는 맛으로 해야 한다고 생각하거든요. 그래서 하루에 어느 정도를 쓸 건지를 노트 페이지 수로 정해요. 대략 세 달에 《돈키호테》 하나씩 나오고, 여섯 달에 성경 노트 하나씩 나오는데 그렇게 필사한 걸 우리 문구점에 전시해둬요. 손님들이 노트를 구매할 때 참고할 수 있도록 샘플처럼 진열하는 거죠.

기타 연습을 한 후에는 발주 체크한 걸 가지고 주문 접수하고, 그다음에 밥 먹고 씻고 출근합니다. 그게 아침에 한 다섯 시간 정도 매일 하는 루틴이에요.

놀랍게도 이게 다 새벽 5시부터 오전 10시까지 진행되는 일인 거죠? 아침에 이미 엄청 많은 일을 하시네요?

하하, 이건 월, 수, 금요일 루틴이고요. 화, 목, 토요일 루틴은 따로 있어요. 화, 목, 토요일에는 일어나자마자 씻고 커피 한 잔 마시고 5시 반에서 6시 사이에 촬영 공간에 앉아 한두 시간 정도 촬영을 해요. 그리고 필사 대신 영상을 편집해요.

처음에는 재미있으니까 매일 필사를 했는데 그러다 보니 콘텐츠가 뒷전이 돼서 바닥이 난 거예요. 그때 정신을 좀 차렸죠. 제 콘텐츠를 보시는 분들은 언제 올라올지 기다리고 계실 텐데 필사만 하고 있으니.

그래서 화, 목, 토요일에는 꼭 한두 시간 촬영하고 편집하고, 그리고 영상 퀄리티를 좀 더 업그레이드 하거나 새로운 걸 찾기 위해 노력하는 시간을 갖고 있습니다. 그 외에는 똑같아요.

원래의 글씨체는 어떠셨어요? 처음부터 잘 쓰는 편이셨나요? 아니면 완전 악필에서 시작하신 건가요?

악필의 기준이 없잖아요. 근데 글줄도 엉망이었고 글씨 자체가 엄청 잘 썼다 그런 느낌은 확실히 아니었어요. 부모님께서도 '글씨 좀 어른답게 써라. 나중에 되게 중요할 날이 올 거다' 그러면서 맨날 혼내셨죠.

어릴 때 계속 그런 소리를 들으니까 중고등학교 때 교본 같은 걸로 연습해봤는데 안 되더라고요. 바뀌긴 바뀌는데 그런 글씨체로 필기를 할 수 없다 보니 결국에는 막 짬뽕이 되고 그랬어요. 그러니까 더 이상해지더라고요.

고등학교 졸업하고 딱히 빨리 글씨를 쓸 일이 없어지니까 그때부터 오히려 장식적인 글씨를 쓰기 시작했죠.

그러면 글씨 연습을 본격적으로 시작하게 된 계기가 있을까요?
사실 제가 글씨에 별 관심도 없던 사람이었는데 군대에서 한 사람이 글씨를 써서 올린 걸 보고는 놀랬죠. 너무 잘 쓴 거예요. 그러니까 그 사람이 좀 달라 보이더라고요. 행실은 그렇지 않은데 되게 말끔해 보이더라고요.

거기에서 충격을 받았어요. 부모님이 이래서 어릴 때부터 글씨 이야기를 하셨구나. 그래서 그때부터 책을 사가지고 하나씩 하나씩 다 따라했어요.

그렇게 시작하게 됐죠. 한 사람에 대한 이미지가 완전 달라지는 걸 경험하고 글씨가 곧 그 사람을 말해준다고 생각했어요. 물론 예외도 있지만.

여러분도 편지를 주고받을 때 글씨를 못 써서 주저하거나 글씨를 잘 써서 감동받거나 했던 경험이 있으실 텐데 연습하면 나중에 쓸 일이 아주 많아집니다. 그런데 갑자기 되지는 않으니까 미리미리 연습하는 게 좋겠죠.

처음에 필사 연습을 시작하실 때 어떤 시행착오 과정이 있었는 지요?

처음에는 소설 같은 걸 필사할 엄두를 못 냈어요. 너무 길고 서사적이고 그러다 보니 단편소설이어도 3~40페이지 혹은 7~80페이지 정도 되니까 이걸 다 끝낼 엄두가 안 났거든요.

그래서 처음에 시작한 게 명언 하나씩 쓰기예요. 명언 검색해서 하나씩 쓰다 보니 재밌더라고요. 성취감도 생기고. 오늘도 하나 했다! 그걸 인스타그램에 업로드도 하고.

그러다가 명언이 다 비슷비슷하게 느껴지는 거예요. 그래서 시를 한 편씩 쓰기 시작했고, 그러다가 어느 정도 내공이 쌓이니까 소설을 한 번 써보고 싶더라고요. 그래서 그때부터 소설을 쓰게 됐죠.

명언, 시, 소설 이런 순서로 쓰시게 된 거네요?

네, 분량을 정해서. 그래야 끝이 있기 때문에 싫증나지 않

155

2장 ROUTINE

고 꾸준히 할 수 있어요.

시행착오도 많이 겪었죠. 처음에는 시간 단위로도 짜 보고 했는데 아까 말씀드린 것처럼 그러면 효율성이 떨어지더라고요. 중간에 끊기는 게 싫기도 하고. 그래서 절대치를 정해서 하는 게 좋아요.

그러면 글씨를 잘 쓰기 위해 구체적으로 어떤 노력을 했는지 설명해주실 수 있을까요?

처음에는 어떻게 해야 할지 막연한 거예요. 궁리 끝에 오프라인 학원도 찾아보고 온라인에서도 알아봤는데 글씨가 마음에 안 들더라고요. 그래서 서점에 가서 책을 한 스무 권을 사온 것 같아요.

그 책들 보면서 연습하다가 한 일주일 하니까 너무 재미가 없는 거예요. 그때부터는 이제 '나만의 방법으로 해보자' 했죠. 제가 강의 듣고 하는 것보다 독학하는 걸 좋아하거든요. 그래서 혼자 쓰면서 익혀나가기 시작했어요. 예를 들어 'ㄱ'과 'ㅣ' 모음이 어느 정도로 붙었을 때 가장 보기 좋은지 그 간격을 조절해가며 반복해서 써보는 거예요. 그러면서 하나하나 외웠죠.

어느 날 서점에 갔는데 방안노트가 눈에 띄는 거예요.

그래서 방안 노트를 사서 책에 방안노트처럼 4등분을 한 거죠, 좌표처럼. 그리고 그 위치에 글씨를 얹기 시작하니까 어느 순간 똑같이 나오는 거예요. 근데 이후로 그 글씨가 뭔가 올드한 느낌이 확 느껴지고 그래서 아, 나는 이렇게 해서는 안 되겠다 생각했죠.

그냥 내가 만들자 해서 엄청 또 시행착오를 겪었죠. 크게도 해보고 작게도 해보고, 폰트를 만들면서 어떻게 썼을 때 어떤 느낌이 나고 어디에 장식을 넣었을 때 어떤 효과가 있는지 그런 걸 익혀서 손글씨에 적용하고. 그렇게 하니까 내 글씨를 좀 더 객관화해 볼 수 있는 거죠. 어떤 글씨를 보면 그 글씨가 어떻게 구성됐는지 보면서 내 글씨도 항상 복기하고요.

여러 시행착오를 겪으면서 그림체처럼 글씨체를 찾아가는 여정이 있으셨던 거네요. 그때에 비해 지금은 어떻게 달라지셨는지요?

그때는 제가 보는 눈이 좀 없었다고 해야 하나. 그래서 글씨를 써놓고 나서 뭔가 이상한데 왜 이상한지를 알 수 있는 방법이 없어서 계속 그냥 반복해서 쓰면서 점차 괜찮아졌다고 할 수 있죠.

그런 시행착오를 많이 겪어서 지금은 비슷한 스타일이 나올 때마다 이 글씨는 이렇게 했을 때 훨씬 더 예뻐지고 하는 식으로 이미 인사이트가 제 머릿속에 다 들어와 있는 거죠.

내가 글씨를 써놓고 다시 복기할 때도 글씨의 장단점이 바로바로 보이는 그런 수준이 돼서 편해졌습니다. 사실 어떤 깨달음에 의해 실력이 계단식으로 향상되더라고요.

그 깨달음은 이런 거예요. 제가 1년마다 결산을 해보는데 그때마다 지난해에 쓴 글씨랑 올해 쓴 글씨랑 비교를 해봐요. 그러면 어떤 부분을 추가하고 없앴는지에 따라 느낌이 어떻게 변했는지를 확인하다 보니 그다음 해에는 변화의 폭이 줄어들고 좀 더 완벽에 가까워지려고 하는 게 보이더라고요.

그런 식으로 글씨체를 계속 발전시켜나가고 있어요. 매년이 어려우면 6개월에 한 번씩 결산을 해도 되게 많은 변화가 있을 거예요.

혹시 처음부터 지금까지 이 방법만큼은 꾸준히 유지하고 있다고 생각하시는 게 있으세요?

계속 말씀드린 것처럼 내가 써놓은 글씨를 나 스스로 객관

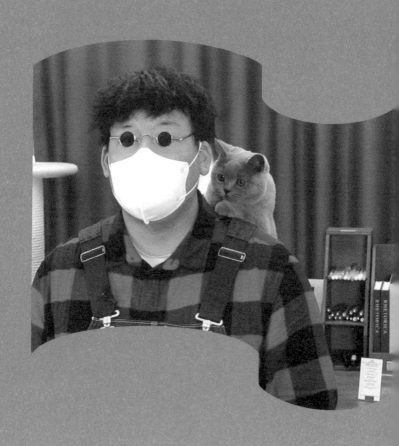

화해서 보는 거예요. 내 글씨를 분석하고 모범본이 있으면 모범본과 내 글씨를 비교해보고, 모범본이 없으면 내 글씨에서 조금 바꿔보고 뭐가 더 나은지 확인해보고요.

만약에 나는 정자체, 흘림체가 싫고 내 글씨를 좀 더 나아지게 하고 싶다면 어렵지 않아요. 글씨 쓸 때 모양이나 그런 걸 생각하면서 쓰시는 분들은 잘 없을 거예요. 그러면 소설 한 페이지를 필사해보고 거기에서 몇 가지 스타일의 자음과 모음이 나오는지 확인한 다음 가장 마음에 드는 모양을 체크해두세요.

그다음에 그게 들어가는 문장을 직접 써보는 거죠. 그러면 내가 가장 잘 썼다고 생각하는 자모음만으로 구성된 글자가 나오겠죠. 그걸 외우는 거예요. 다음에는 초성에 'ㅎ'이 올 때 꼭 이런 형태로 써봐야지, 모음 'ㅡ'가 올 때는 꼭 이렇게 써봐야지 하는 식으로 자신만의 글자체를 만들어나갈 수 있게 돼요.

그래도 내 글씨가 뭔가 마음에 안 든다 하시는 분들은 이거 하나만 해보시면 좋을 것 같아요. '이'나 '아, 어, 야' 이런 글자의 받침을 쓸 때 그 글자들의 중앙에 받침이 놓이도록 쓰면 글씨가 확 좋아질 거예요. 받침을 너무 왼쪽으로 보내거나 하면 글씨가 오히려 이상할 수 있어요.

글씨를 쓰면서 펜크래프트님에게 생긴 변화가 있을까요?

일단 가장 큰 건 저를 알아주시는 분들이 많이 생겼다는 것. 그래서 좀 힘들었을 때 도움도 많이 받았고요. 물질적 도움을 떠나 그분들이 있어주셔서 덕분에 되게 든든하거든요. 내가 어떤 콘텐츠를 만들어 올렸을 때 좋은 이야기도 많이 해주시고, 좋아요 눌러 주시고, 댓글 달아주시고 그러면 엄청 힘이 나요.

그런 걸로 힘든 시기를 버틸 수 있었고, 또 지속할 수 있는 동기도 됐고요. 그리고 사람이 살아가면서 내가 누군가에게 좀 쓸모 있는 사람이라는 느낌을 갖는 게 사실 되게 중요하잖아요. 나 역시 쓸모 있는 사람이 되고 싶은데 어떻게 해야 할지 몰랐거든요.

그런데 우연히 인스타그램을 하게 된 거예요. 제가 싸이월드나 이런 것도 안 해본 사람인데 처음 접한 게 인스타그램인 거예요. 거기에서 나 좀 쓸 만한 사람인가 하는 생각이 들고부터 정서적으로 안정이 되더라고요. '그래, 이렇게 살아도 좋겠다' 하는 생각이 들면서.

처음 글씨를 시작했을 때 주변 반응은 어땠어요?

엄청 냉랭했죠. '글씨 쓰는 걸 왜 하냐' 이런 말을 엄청 많

161

이 들었고, '요즘에 글씨 잘 써서 뭐해' 이런 소리도 듣고, 또 글씨가 늘어 보인다는 소리도 되게 많이 들었죠.

저도 제 글씨가 약간 올드하다는 걸 알고 있어서 시행착오 끝에 조금 더 모던한 정자체나 흘림체 스타일로 만들어갔죠. 그런 반응들이 있어서 제가 자극을 받지 않았나 싶어요. 포기하려다가도 오기가 생기고.

누구나 자신이 원하는 게 있다면 포기하지 말고 밀고 나갔으면 좋겠어요. 내 시간과 노력이 크게 필요하지 않은 일이라면 겸해서 할 수도 있고요. 요즘 얼마나 뻗어나갈 수 있는 분야가 많은 시대예요. 20년 전만 해도 방법이 없었는데 요즘에는 특출하면 어떻게든 살더라고요, 꼭 직장에 다니지 않더라도.

그러면 글씨를 쓰면서 '이게 맞나?' 하는 불안감이나 의심이 들었던 때는 없으세요?

저는 애초에 돈을 벌려고 한 게 아니었기 때문에 그런 건 전혀 없었어요. 그냥 재미로 계속 했죠. 인스타그램을 키우는 게 RPG 게임 같은 느낌이더라고요. 되게 재미있었어요. 팔로워가 늘면 레벨업 하는 느낌이고요.

나중에 발탁해주신 곳에서 강의를 하게 돼서 지금까

지 이어오고 있지만 처음에는 그럴 생각이 아예 없었죠. 글씨를 쓰는 일로 먹고살 수 있을까에 대해서도 생각해보지 않았어요. 재미있어서 한 거죠. 그냥 요즘 다들 글씨 못 쓰는데 내가 엄청 잘 쓰면 눈에 띌 거 아니에요. 사실은 그런 목적을 가지고 했죠.

그런 과정을 거쳐오는 동안 자신에게 큰 힘이 되어준 사람들이 있을까요?

앞서도 말한 것처럼 제가 독학 체질이다 보니 저 혼자 서게 된 거죠. 진짜예요. 저는 제 영역 안에 누구를 들이는 걸 어려워하기도 하고, 딱히 조력을 받을 사람도 없었고요.

믿을 건 나밖에 없으니까 계속 책을 읽었어요. 고전이나 사회과학서, 역사서 같은 걸 보면서 도움을 많이 받았어요. 특히 큰 출판사에서 나오는 고전 전집 같은 걸 많이 읽었어요.

《로미오와 줄리엣》《맥베스》《오셀로》《리어왕》이런 책들이 필독서라는 건 알지만 막상 읽어본 분들은 많지 않을 거예요. 그런데 읽어보면 정말 많은 걸 깨닫게 되고 자신의 성격을 진단하게 돼요. 그리고 심리서는 나 자신을 객관화하는 계기가 되죠.

내가 뭘 해야 될지 모르겠고 뭘 좋아하는지 모르겠으면 도서관에 가서 손에 잡히는 대로 한번 읽어보세요. 거기에 답이 있어요.

지금도 글씨를 쓰면서 혹시 어려운 점이 있으세요?

그냥 쓸 때는 안 어려운데 글씨를 콘텐츠화 할 때는 좀 어렵죠. 카메라를 제 눈앞에 두고 써야지 1인칭 시점으로 나오거든요.

그렇게 찍다 보니 제 고개를 왼쪽으로 90도 정도 틀어줘야 해요. 안 그러면 투시가 생기고 글씨를 객관적으로 볼 수가 없어요.

그래서 글씨가 그냥 썼을 때보다 영상에서 썼을 때 퀄리티가 좀 떨어지기도 하고 속도도 느려져요. 아무래도 모니터도 신경 써야 하지, 글씨도 신경 써야 하지, 펜도 신경 써야 하지, 신경 써야 할 게 한두 가지가 아니다 보니 그럴 수밖에 없죠. 그래서 콘텐츠에 대한 고민은 계속 있어요.

처음에는 혼자 글씨를 쓰고 연습하는 것에 대한 고민이 있었다면, 이제는 콘텐츠화 하면서 어떻게 보여줄 것인가에 대한 고민이 더 많으신 거네요?

네, 엄청 많죠. 이게 계속 잘되는 게 아니니까. 갈수록 구독자나 팔로워 수가 떨어지고 좋아요 숫자도 계속 떨어지는데, 아무래도 비슷한 콘텐츠가 계속 나와서 그런 게 아닐까 싶어요.

사실 유명한 구절 같은 걸 쓰면 반응이 폭발적으로 오긴 해요. 그런데 그러면 매번 그것만 올리게 되더라고요. 그러면 기존에 구독하시던 분들께서 맨날 똑같은 것만 올리냐고 하실까 봐 어느 쪽에 포인트를 맞춰야 할지 고민이 많아요. 그리고 어떻게 하면 더 쓸모 있어질까에 대한 고민도 항상 있고요.

'내 글씨가 진짜 발전했구나' 하는 걸 느끼게 된 순간은 언제일까요?

그건 아까 말씀드린 것처럼 매년 결산하면서 비교를 해볼 때에요. 그러면 다음 해에는 또 엄청 바뀌어 있고, 그 다음 해에는 더 바뀌어 있고 하거든요. 매년 연말쯤 결산할 때마다 그런 걸 느끼죠.

그러면서 채찍질까지는 아니더라도 최대한 수정의 수정을 거쳐요. 고칠 부분이 아직도 많다는 걸 깨달으면서 고쳐 나가면 훨씬 더 좋아져요.

연말에 그렇게 결산을 하는 순간이 성찰의 시간이 되기도 하면서 동시에 내가 발전한 걸 볼 수 있고 얼마만큼 성취했는지가 가시화 되는 시간이기도 하겠네요?

그렇죠. 아무래도 뿌듯하기도 해요. 연말 결산할 때 최고의 인기 영상 이런 거 하잖아요? 그런 것도 한 번씩 해보고 그러면서 그래도 내가 올 한 해 동안 헛되게 살지 않았구나 하죠.

플래너 쓸 때 꼼꼼히 기록해서 연말에 한번씩 들춰보는 거 추천해요. 내가 어떤 게 부족했고, 어떤 건 잘했는지를 알면 다음 해에 그걸 좀 보완할 수 있거든요. 물론 공부가 아니라 일이라면 꼭 내 약점을 보완하기보다는 내 장점을 더 부각시키는 게 좋을 때가 많아요.

그런데 수능이 목표인 학생들이라면 고루 다 잘해야 되잖아요. 수학을 못한다고 해서 수학을 아예 포기하면 갈 수 있는 대학의 선택지가 너무 좁아지니까요. 그래서 교과 공부를 할 때는 골고루 다 익힐 수 있게 하는 게 중요하다고 봅니다.

매년 플래너를 썼다면 버리지 말고 모아두었다가 그걸 보면서 강점은 살리고 약점은 최대한 보완하게 되는데 그게 바로 플래너를 쓰는 이유가 아닐까 싶어요. 물론 매일매일 계획해서 지켜나가는 것도 중요하지만 사실 나는 내 약점을 잘 모르거든요.

그런데 그게 플래너를 보면 그 안에 오롯이 다 들어 있어요. 내가 지키지 못한 건 계속 지키지 못하고 있을 거고, 내가 잘한 건 또 잘하고 있을 거고.

모의고사 점수도 잘하던 건 계속 잘하겠죠. 약점이라고 생각하는 과목은 심리적으로도 계속 잘 안 되고 있을 확률이 커요. 그러면 내 약점을 방학 동안 보완하는 식으로 성적을 확 끌어올릴 수 있거든요. 그런 방법을 꼭 써보셨으면 좋겠어요. 그게 저는 플래너를 쓰는 이유라고 생각합니다.

처음 필사를 시작하고 나서 몇 개월 정도 됐을 때 어느 정도 만족감이 드셨는지요?

사실 아직도 만족스럽지는 않아요. 보는 눈도 꾸준히 높아지니까 쓸 때마다 계속 약점이 보이는 거예요. 조금씩 수정하고 그러면서 조금 볼만해졌다 싶을 때가 두 달 정도 됐을 때일 거예요.

매일매일 4~50분씩 두 달 정도 했을 때 확실히 좋아졌다는 게 느껴졌는데 천천히 쓰는 정자체일 때 그랬으니까,

일반 글씨체를 바꾼다고 했을 때 전문가 없이 혼자서 하면 한 달 정도 걸릴 것 같습니다.

가장 좋은 건 사실 내가 닮고 싶은 사람의 글씨를 따라 써보는 거예요. 그 사람의 책이 있으면 책을 따라하면 되고, 그게 없으면 최대한 찾아보는 거죠, 자료를.

부모님의 글씨를 닮고 싶으면 부모님이 쓴 글씨를 찾아 그 글씨를 그대로 한번 따라 써보고 그러다 보면 원리가 보이거든요. 거기에서 계속 확장해나가는 거예요. 글씨를 진짜 바꾸고 싶으면 내가 닮고 싶은 글씨를 찾아 그대로 써보는 게 제일 우선입니다.

일상에서 펜크래프트님이 생각하시는 가장 작은 단위의 성취는 무엇일까요?

제시간에 자고 제시간에 일어나는 거 아닐까요? 수면 패턴이 망가지면 끝입니다. 그러면 며칠 동안 고생할 수 있거든요. 오늘은 내가 좀 부족한 것 같으니 한 시간 더하고 자야지 이렇게 하지 말고 항상 자던 시간에 자고 차라리 다음 날에 못한 걸 더 하는 게 훨씬 좋아요.

너무 무리해서 계획을 세우는 것도 별로예요. 제가 플래너를 10년 넘게 쓰면서 느끼는 건데 계획은 내가 할 수 있는 한계의 70퍼센트 정도만 잡아요.

그리고 며칠 해보면 알게 돼요. '이 정도면 금방 하네' 하면서 시간이 남아요. 그러면 그 남는 시간에 불안해하지 말고 내가 좋아하는 책을 읽거나 영화를 보거나 일찍 자거나 하는 거예요.

그렇게 조금 해보다가 시간이 더 많이 남으면 80퍼센트까지 올리는 거예요. 이때도 85퍼센트를 넘지는 않게 하고. 100퍼센트, 120퍼센트로 잡았다가 하루이틀 날리면 이후로 완전 망하는 거거든요. 제가 처음에 그러다가 아까운 플래너를 버렸죠.

내가 할 수 있는 한계의 7~80퍼센트만 하고 그걸 매일 지키면서 성취감을 누리는 거예요. 그리고 90퍼센트 이상 목표를 달성했을 때 나한테 보상을 주는 거죠. 도장을 찍거나 스티커를 붙이는 식으로 꾸며보는 거예요. 그런 과정이 있어야지 다음 날에도 계속할 동기가 생깁니다. 안 그러면 고무적인 느낌이 안 들고 그냥 소진한 느낌만 들어요. 목표치를 달성했을 때 스티커 같은 걸 붙여서 반드시 보상을 해주는 거예요.

필사도 그렇고 악기 연주도 그렇고 그렇게 작은 단위로 하나씩

목표를 이루어나가는 게 자신에게 어떤 영향력이나 효과를 주는지 설명해주실 수 있을까요?

매일매일 꾸준히 하는 게 솔직히 제일 어렵다고 생각해요. 매일 일기 쓰고, 매일 플래너 쓰고. 그런데 잘하시는 분들 보면 정말 잘해요.

그런데 매일 하는 게 힘들다고 몰아서 하면 더 하기가 싫어져요. 공부도 그렇잖아요. 오늘 한 페이지 해야 하는데 안 하면 다음 날 두 페이지 해야 되잖아요. 양이 두 배로 늘어나는 거예요. 그럼 더더더 하기 싫어지죠.

그래서 매일매일 하는 게 어렵기는 해도 생각해보면 가장 쉬운 방법일 수 있어요. 왜냐하면 자꾸 미루어서 나중에 감당하지 못할 만큼 쌓이는 것보단 낫거든요. 좀 어려워도 매일매일 하는 걸 연습하면 그게 오히려 가장 쉬운 길이 될 거예요.

제가 좋아하고 명심하는 말 중에 '대청소를 안 할 수 있는 방법이 있다. 하루에 5분씩만 부분부분 청소하면 대청소를 할 필요가 없다'는 말이 있어요.

보일 때마다 계속 치우면 굳이 대청소가 필요 없듯이 그때그때 하면 밀리고 밀려서 한꺼번에 엄청난 양을 해치워야 하는 스트레스도 없죠. 많은 분들이 형광펜으로 모두

덧칠된 플래너를 볼 때의 그 성취감과 뿌듯함을 느껴보길 바랍니다.

여태껏 해오시면서 가장 크게 성취감을 느꼈던 순간은요?

성취감을 제일 크게 느꼈던 건 제 강의를 들으신 분 중 한 어머니의 사례예요.

그분이 글씨 연습을 하고 있는데 초등학교 3학년인 아들이 엄마가 연습하는 걸 옆에서 지켜보더래요. 남자아이라서 글씨를 되게 뒤죽박죽 썼었는데 엄마 따라 같이 한 달 동안 연습을 하더니 몰라보게 달라졌다며 아이가 글씨 쓴 사진 전후를 찍어서 보내주셨더라고요.

그거 보고는 감동해서 절이라도 하고 싶을 정도였죠, 랜선으로. 그 정도로 기뻤습니다.

마무리 질문 몇 개 드릴게요. 글씨 연습을 왜 해야 할까요? 글씨 연습을 하는 데에 어떤 의미가 있을까요?

살다 보면 의외로 손글씨로 무언가를 전달해야 할 때가 많아요. 쪽지를 전달하기도 하고, 회사에서 메모를 전달할 일도 있고, 대학교에서 교수님께 편지를 쓸 때도 있고, 주변 지인에게 선물을 하면서 마음이 담긴 메시지를 전달할 때도 있는데 글씨가 예쁘면 보는 사람도 기분이 좋아지잖아요.

어쩌면 손글씨는 본능일 수도 있어요. 타자기가 나온 후로 달라졌다고 해도 사람들의 미적 감수성 같은 유전자가 절대 몇 세대 만에 바뀌지는 않거든요. 아이패드 위에서도 펜으로 손글씨를 쓰잖아요.

그래서 손글씨 쓰는 걸 자기계발이라고 생각하시면 될 것 같아요. 몸을 건강하게 만들고, 화장도 하고, 멋진 옷을 갖춰 입는 것처럼 나 자신을 가꾸기 위한 굉장히 유니크한 방법이라고 생각합니다.

지금까지 해온 것에 이어 새롭게 도달하고 싶은 목표 지점이 있으신가요?

유튜브 채널 구독자가 100만 명 이상이 되면 주는 골드버튼에 한번 도전하고 싶어요. 한글로 골드버튼까지 간다는 건 솔직히 꿈만 같은 이야기라고 생각하는데 그래도 꼭 해보고 싶어요.

인스타그램도 반응이 좋아지고 유튜브도 반응이 좋아지도록 다양하게 변주해보고 테스트를 해서 콘텐츠를 업그레이드하면 가능하지 않을까 그런 꿈을 꾸고 있습니다.

내가 지금 하고 있는 일의 최종 단계에 도달했을 때 어떤 모습일 것 같으세요?

제가 정말 제한 없이 한다고 했을 때 약간 좀 다른 세상에 온 듯한 공간을 만들고 싶어요. 30평 정도 되는 지하 공간에 해리포터나 다크 아카데미아 같은 느낌으로, LP 감상도 하고 핸드 드립으로 커피도 내려주고 문구점도 하고 서점도 하고 모임도 하는 그런 공간을 만들고 싶어요.

전체적으로 어둑하지만 책을 읽거나 글씨 쓰는 데에 방해될 만큼은 아닌 정도의 조도에, 커피향이 잔잔하게 느껴지고, 엄청 멋있는 원목 가구도 놓여 있는 그런 공간을 만드는 게 목표이긴 하죠.

그래서 다양한 사람들이 와서 교류하고 모임도 하고, 글씨를 연습하고 싶은 분들에게 계속 온라인 강의도 열어드릴 수 있도록 하는 게 목표예요.

글씨 연습을 처음 시도하시는 분들에게 동기부여 차원에서 해주고 싶은 말이 있을까요?

누구나 처음에는 다 못써요. 그러나 모범본만 있으면 언제든지 닮아갈 수 있거든요. 너무 걱정하지 마시고 하루에 20분씩만 하세요.

얼마나 해야 하냐고 많이들 물어보세요. 그런데 그건 사실 사람마다 다르죠. 모범본이 있으면 빠르면 한 달, 평균적으로 두 달 정도면 하거든요. 늦어도 서너 달이면 돼요. 모범본이 없으면 그게 좀 힘들죠.

그러니까 아까 말씀드린 것처럼 글씨 연습이라고 생각하지 말고 좋아하는 명언을 쓴다고 생각하고 하루에 하나씩 써보면 좋을 것 같아요.

그렇게 플래너를 작성하면 1년을 결산해봤을 때 플래너의 글씨 자체가 첫 장과 맨 끝장이 엄청 바뀌어 있을 겁니다. 당연히 플래너를 작성할 때도 본인이 연습하는 글씨체로 써야겠죠. 그러면서 말로 표현할 수 없는 성취감을 느껴보시면 좋겠어요.

"누구나 처음에는 다 못 써요. 너무 걱정하지 말고 하루에 20분씩만 하세요. 글씨 연습이다 생각하지 말고 그냥 하루에 명언 하나 쓴다고 생각하면 좋을 것 같아요. 그러면 얼마 뒤 엄청 바뀌어 있을 겁니다. 말로 표현할 수 없는 성취감을 느껴보시면 좋겠어요."

ROUTINE 1주 도전

_20분의 목표 세우고 실천하기

	오늘의 20분 목표
MON	
TUE	
WED	
THU	
FRI	
SAT	
SUN	

적은 시간이라도 꾸준히 하면 엄청난 변화를 만드는 지름길이 될 수 있어요. 오늘부터 20분씩만 시작해볼까요?

MON
완료

TUE
완료

WED
완료

THU
완료

FRI
완료

SUN
완료

SAT
완료

의대생 유튜버

효빈 ESFJ

"약속을 지키다
보니 꾸준히
하게 됐어요"

안녕하세요. 저는 충남대학교 의과대학을 다니는 김효빈입니다.
현재 '효빈 HYOBIN'이라는 유튜브 채널을 운영하고 있습니다.
제 유튜브 채널에서는 공부 브이로그와 '스터디윗미'라는 실시간
공부 라이브를 주 콘텐츠로 운영하고 있습니다.

저는 언제까지 뭘 해야 하고, 뭘 끝내고 하는 걸 좋아했어요. 그래서 제가 하고 싶은 걸 많이 이룬 것 같은데 스스로 정해놓은 약속이나 루틴 같은 걸 해내면 그게 성취가 아닌가 싶어요. 아침에 일어나서 오늘 뭘 하겠다 하는 가장 조그마한 것일지라도.

모트모트 안녕하세요! 어떤 데일리 루틴을 가지고 있는지 간단하게 알려주세요.

효빈 방학 중에는 딱히 데일리 루틴이랄 게 없는데 학교 다닐 때는 아침에는 수업 듣고 수업 끝나면 개인 자유 시간을 갖거나 시험 기간에는 그냥 공부를 해요.

보통 저녁까지는 슬슬 공부를 하고 밤 시간에는 '스터디윗미(study with me)*'를 하는데 학교를 다닐 때는 대개 그런 식으로 일상을 보내는 것 같아요.

처음 의사를 꿈꾸게 된 계기가 무엇이었는지 궁금한데요. 어렴풋이 떠오르는 옛날 기억을 이야기해주셔도 좋고요.

의사라는 꿈을 꾸게 된 건 중학교 3학년 때예요. 주변에 해외 의료봉사를 다니시는 분들이 계셨는데 막연하게 의사라는 직업이 멋있다고 생각했어요.

그때쯤 TV에서 〈괜찮아, 사랑이야〉라는 드라마를 했는데 지금도 인생드라마라고 할 만큼 제가 그걸 진짜 재미있게 봤거든요. 여주인공이 정신과 의사 역할로 나오는데

• '함께 공부한다'는 뜻의 영상 콘텐츠. 여러 대화와 장면의 전환이 있는 다른 영상 콘텐츠들과 달리 한 공간에서 같은 구도로 공부하는 영상을 연속해서 촬영하는 경우가 많다.

그것도 영향이 있었던 것 같아요.

지금과 별반 다르지 않게 공부도 열심히 하고, 또 친구들이랑 놀 때는 잘 놀고 그런 학생이었던 것 같아요. 지금도 그렇지만 그때도 춤추는 거 좋아해서 시험 끝나면 친구들이랑 노래방 가서 노래하고 춤 추고 그랬었죠.

어릴 때부터 댄스 동아리 활동도 하셨다고 들었는데 그러면 춤은 어쩌다 좋아하게 된 걸까요?

춤추는 건 정말 어렸을 때부터 그냥 좋아했던 것 같은데, 제가 기억하기로는 초등학교 때 장기자랑이 있으면 항상 나갔던 것 같아요.

친구들 모아놓고 제가 안무 따서 가르쳐주고 하는 걸 엄청 좋아해서 그때부터 계속 춤을 췄었죠.

의대에 진학하려면 공부를 진짜 열심히 해야 하잖아요. 어떤 노력을 하셨나요?

엄청난 스토리 같은 게 따로 있는 건 아니고 그냥 고등학교 2, 3학년 때 하루하루 되게 치열하게 살았던 것 같아요.

아침에 학교 가서 쭉 수업 듣고, 끝나면 학교에서 석식 먹고 또 학교 자습실에서 새벽 1, 2시까지 공부하고 그때

서야 집에 돌아오고 그랬죠. 고등학교 시절에 한 1, 2년 동안 그렇게 매일매일 치열하게 살았던 것들이 제가 의대에 진학하는 데에 가장 큰 도움이 되지 않았나 싶습니다.

그때 했던 노력들이 지금의 자신에게 어떤 영향을 미치고 있는지요?

그때 열심히 살았기 때문에 지금 힘든 의대생활도 이렇게 버티지 않나 싶어요. 솔직히 말하면 지금의 저보다 그때의 제가 훨씬 더 간절했죠.

그래서 의대 공부를 하면서 힘들 때마다 '나 그때 그렇게 열심히 살았던 사람이지'라고 떠올리면 무너졌던 자존감도 다시 살아나는 것 같고. 그렇게 해서 다시 공부를 시작하는 것 같아요.

의대 공부를 '버틴다'고 표현하셨는데, 저 같은 경우 〈슬기로운 의사생활〉 드라마를 몇 번이나 돌려봤어도 뭐가 어떻게 힘든 건지 짐작하기 어려웠거든요. 버틴다는 표현이 구체적으로 어떤 건지 설명해주신다면요?

대학생활이 누구나 다 힘들 텐데 아무래도 의과대학이다 보니 공부 양이 너무 많아서 그게 정말 힘들죠. 시험 보는

183

횟수도 다른 과들에 비해 많아요. 중간이랑 기말 외에도 그 사이에 또 시험이 있어요.

저희는 학기가 긴 편인데 그 긴 시간 동안을 거의 쉬지 않고 시험 기간으로 살다 보니 긴장감이 사라지질 않죠. 딱히 쉬는 시간도 없이 하나의 시험이 끝나면 또다시 시험 기간 모드로 진입해야 된다는 게 좀 많이 힘든 것 같아요.

그렇게 매일이 시험 기간 같으면 뭔가 다른 걸 해볼 엄두도 안 났을 것 같은데, 효빈님은 유튜브 채널을 시작하셨잖아요? 그 걸 어떻게 시작하신 건지?

예과 2학년 말에 제가 춤을 춘 영상을 어디에 올리고 싶은데 마땅히 올릴 곳이 없어서 제 유튜브 채널을 하나 개설하고 춤 영상 한두 개를 올렸어요.

그 당시 의대생 브이로그가 많이 뜰 때였어요. 그래서 '나도 하나 찍어볼까?' 해서 재미로 찍었던 영상이 있었는데 편집하고 그러는 게 좀 재미있더라고요. 아무래도 제 일상과는 좀 다른 분야이다 보니 흥미로웠던 것 같아요.

그렇게 시작한 유튜브였는데 본과 1학년 때부터는 공부 브이로그가 주 콘텐츠가 되면서 지금까지 계속 하고 있지 않나 싶습니다.

그러면 하고 계시는 '스터디윗미'에 대해 자세히 설명해주실 수 있을까요?

'스터디윗미'는 제가 본과 1학년 때부터 시작한 콘텐츠예요. 그 당시 스터디윗미 콘텐츠가 유행이기도 했고, 또 아무래도 제 일상이 공부이다 보니까 제 유튜브 채널을 통해 라이브로 구독자들과 같이 공부하는 콘텐츠를 만들 게 된 거죠.

보통 밤 9시부터 새벽 1~2시까지 한 네다섯 시간을 하는 것 같고, 더 짧게 하거나 길게 할 때도 있는데 평균적으로는 그렇게 하고 있습니다.

어떻게 '스터디윗미'를 할 생각을 하셨어요?

그 당시 다른 공부하시는 분들의 라이브를 저도 많이 접했는데 도움을 많이 받았던 것 같아요. 저 또한 공부를 많이 해야 하는 사람 중 하나여서 '스터디윗미'를 하면 저한테도 도움이 될 것 같다는 생각이 들었어요.

아무래도 시청자들이 있으면 저도 약간 긴장한 상태로 더 집중해서 공부할 수 있을 것 같고, 제 구독자들도 그걸 통해 좀 더 집중해서 공부를 하실 수 있을 것 같아 시작하게 된 것 같아요.

우연한 계기로 그런 것들이 이어져온 것 같은데, 유튜브 채널을 시작하기 전과 후를 비교했을 때 스스로에게 어떤 변화나 차이가 있나요?

아무래도 저를 지켜보는 분들이 생겼으니까 유튜브를 하기 전에 비해 조금 더 열심히 살려고 노력해요. 그런 것 외에는 솔직히 저나 제 삶 자체가 크게 달라진 건 별로 없는 것 같아요.

저는 아직도 제 자신을 유튜버라고 말하는 게 되게 어색할 만큼 여전히 그냥 공부하는 여느 대학생과 다를 바 없어요. 그렇기 때문에 성격적인 면에서나 제 생각이나 그런 것들이 크게 변하지는 않은 것 같아요. 그냥 이전에 비해 좀 조심히 사는 정도.

성격이나 태도 면에서 크게 변화가 없다면 도움이 된 적은 있을까요?

아무래도 '스터디윗미' 할 때 제 공부에 가장 큰 도움이 되는 것 같고요. 공부를 하기 싫을 때도 '나 오늘 스윗미 잡아놨지!' 하면서 다시 책상 앞에 앉아서 공부를 시작하게 된 적이 많아서 그런 부분에 있어서 가장 도움이 많이 된 것 같아요.

또 구독자 분들이 진짜 좋은 댓글을 많이 써주시는데 그냥 그거 보면서 에너지를 얻고 그렇습니다.

의대생활과 학업을 병행하면서 유튜브를 시작하신 건데 주변 반응은 어땠는지요?

사실 제 주변 사람들이 더 신기해하고 더 신나하고 그랬어요. 주변에서 "너 스윗미 한다며? 내 친구가 네가 하는 스윗미 본대" 이러고, "네 채널 구독자래!" 이러면서 응원을 많이 해줘요.

특히 제 동기들은 브이로그 보면서 "아 맞다, 우리 저렇게 힘들게 공부했지" 이렇게 말하는 친구들도 있고. 대체적으로 많이 응원해주는 편이에요.

걱정 어린 시선 같은 건 없었나요?

그런 시선이 전혀 없는 건 아닌데 부모님이 가장 그런 반응이신 것 같아요. 응원은 해주시는데 가끔씩 공부에 방해되는 거면 하지 말라고 하시죠.

그럴 때면 항상 그거라도 있어서 내가 이 정도 공부하는 것 같다고, 스윗미라도 하지 않으면 나 공부 안 할 것 같다고 말씀드려요. 부모님이랑 떨어져 살다 보니까 부모님도 항상 제 브이로그를 통해 제 일상을 보시는 거죠. 부모님이나 동기들이 제 브이로그 보면서 힘들긴 하겠다, 대단하다 이런 반응을 많이 보이긴 해요.

처음과 다르게 지금은 구독자가 많이 늘었잖아요. 구독자가 많아진 후의 반응은 어땠나요?

처음 시작했을 때는 솔직히 1,000명도 안 될 것 같아서 그냥 우리들끼리의 재미 정도로 시작하긴 했어요. 동기나 친한 친구들한테만 "나 유튜브 시작했으니까 영상 봐라" 이런 식으로 말했었거든요.

이제는 어딜 가도 '너 몇만 명 됐더라. 축하한다!' 이런 반응들이 많아요. 저는 솔직히 계속 구독자 수가 늘어나는 게 실감이 잘 안 나거든요. 그러다가 주변 사람들이 이야기해주면 '아, 내 채널이 되게 커졌구나' 다시 한번 실감하게 되는 것 같아요.

지금도 1만 명 됐을 때가 여전히 너무 신기해요. 그러니까 지금의 구독자 수는 상상도 못한 숫자였죠. 그래서 그게 약간 비현실적이에요. 제가 제 채널을 보면서도 구독자 수를 보면 조금 얼떨떨하고, 실버 버튼이 집에 있는데 그걸 봐도 좀 이상하고 그래요.

그렇게까지 될 수 있었던 이유는 바쁜 와중에도 꾸준히 채널을 운영하셨기 때문인 것 같은데 그게 제일 대단해 보였어요. 어떻게 그렇게 꾸준히 이어갈 수 있을까요?

저도 사실 어떻게 그랬는지 모르겠는데 공부하면서 편집하고 하는 게 솔직히 힘들 때가 많아요.

그런데 아무래도 채널이 커지면서 브이로그를 기다리시는 분들이 많다는 걸 느껴서 한 달에 한 번씩이라도 계속해서 영상을 올리다 보니 지금까지 온 것 같고.

채널을 엄청 키우고 싶어서 그렇게 한 건 아니었는데 어쨌든 약속을 지키려고 하다 보니 이렇게 꾸준히 올리게 된 게 아닌가 싶어요. 그리고 아마 채널이 이렇게 커지지 않았으면 아무래도 금방 그만두었을 수도 있을 거예요. 그런데 감사하게도 관심을 많이 가져주시니까 지금까지 꾸준히 해오지 않았나 싶어요.

그렇게 꾸준히 유튜브 채널을 운영한다는 사실 자체가 어떤 의미를 가져다주는지요?

제 스스로도 그 점에 있어서는 자랑스러워할 부분이라고 생각을 하고. 어쨌든 채널이 제 의도보다도 더 커진 것에 대해 자부심도 있고요. 그런데 또 그만큼 책임감도 커지는 것 같아요, 요즘에는.

아무래도 유튜브이다 보니 많은 사람들에게 제 모습이 비춰지는 게 있으니까 공부를 게을리 해서는 안 되겠다는 생각도 들어요. 의대 자체에 유급 제도가 있어서 보통은 그걸 피하기 위해 공부를 많이 하는데 저는 그것과 더불어 구독자들에게 실망스런 모습을 보이지 않으려는 것도 있어요.

물론 제가 성적을 다 공개하고 그런 건 아니지만 저를 보면서 공부 자극을 느끼시는 분들에게 너무 실망감을 드리지 않아야겠다는 생각이 있어서 공부를 하게 되는 것 같기도 하고.

나를 기다려주고 봐주는 사람들이 있으니까 그런 거겠죠?
네. 저는 솔직히 아까도 말씀드렸다시피 유튜버라고 생각하지 않고 정말 평범한 학생이라고 생각하는데, 저를 보고 공부 자극을 받아 성적이 올랐다는 댓글을 보면 책임감이 더 커지죠.

그런 분들이 계신데 내가 공부를 열심히 하지 않으면 안 되겠구나 하는 생각을 하게 돼서 다시 열심히 하게 되는 것 같아요.

유튜브 말고 춤을 추는 것도 그보다 오랫동안 해온 취미잖아요. 그렇게 취미생활을 하는 게 어떤 의미를 가져다주는지요?

저에게는 춤을 추는 게 스트레스를 푸는 가장 좋은 방법이에요. 공부를 하거나 일상에서 생긴 스트레스를 춤을 추는 걸 통해서 많이 푸는 편이에요.

그리고 제가 사람들의 관심을 좋아해서 춤을 춘 영상을 올리면 사람들이 반응해주는 게 너무 좋고, 그걸로 또 자신감을 얻기도 하고 그래요.

공부뿐만 아니라 더 나은 모습으로 성장하기 위해 가장 오랫동안 유지해온 노력이나 습관은 뭐가 있을까요?

계획을 정말 많이 세우는 것 같아요. 작은 계획이라도 많이, 그리고 세세히 세우는 편인데 그 계획들을 완벽하게 실천하지는 못해도 어느 정도는 해냈다고 생각해요. 그런 습관이 도움이 되지 않았나 싶어요.

초등학생 때도 욕심이 없는 편은 아니었던 것 같아요. 성적도 챙기고 싶고 친구들이랑 놀고도 싶고 할 건 다해야 하니까 그걸 다 잘하기 위해서라도 빨리빨리 계획을 세웠던 것 같아요.

초등학생 때부터도 기말고사, 중간고사 4주 전부터 언

제까지 뭘 하고, 언제까지 뭘 끝내고 하는 계획을 세우는 걸 좋아했는데 그렇게 하다 보니 제가 하고 싶은 일들을 많이 해낸 것 같아요.

계획을 어떤 식으로 세우는지 조금 더 들어볼 수 있을까요?

요즘은 휴대전화 플래너를 제일 많이 쓰고, 계획을 세울 때는 현실적으로 세우려고 노력해요.

예를 들어 하루 놀기로 마음을 먹었다면 그것까지 계획을 세우는 데에 포함시켜서 그날 어떻게 보내야 할지를 미리 생각하는 거죠.

그리고 미리 세워놓은 계획이 수정되더라도 최대한 거기에서 벗어나지 않게 계획을 세우는 편이고, 또 제가 너무 지치지 않도록 계획을 세우는 것 같아요. 중간에 지치면 또 다른 일들을 못하니까.

그렇게 계획을 많이 세워놓으면 그 계획의 반밖에 실천을 못하더라도 그것에 대한 성취감이 어느 정도 생기기도 하고, 반대로 지키지 못한 것에 대해서는 자책이 들기도 해요.

그렇더라도 이미 지나간 일이니까 거기에는 최대한 얽매이지 않으려고 노력해요.

혹시 슬럼프가 찾아오기도 한다면 주로 어떤 순간에 슬럼프를 느끼나요?

솔직히 말씀드리면 저는 엄청 큰 슬럼프를 느끼지는 않는 것 같아요. 제 성격이 단순한 편이어서. 그래도 슬럼프라고 한다면 한꺼번에 갑자기 많은 일들이 몰아닥칠 때일 거예요. 그럴 때 슬럼프가 오는 것 같긴 해요.

그렇더라도 성격이 단순해서 그런지 몰라도 그날 하루 다운되거나 슬프다가도 자고 일어나면 다음 날 다시 리프레시(refresh) 되는 스타일이에요.

인생에 있어서도 슬럼프 시기가 많지는 않았어요. 힘든 일들이 한꺼번에 몰아칠 때만 좀 힘들어요.

최근에 겪은 가장 기억나는 슬럼프가 있을까요?

가장 최근에 있었던 것 중에 기억나는 건 아마도 개강 직후 때였던 것 같아요. 개인적으로 일이 좀 많았는데 개강하고 2주 만에 시험이 잡힌 거예요. 그래서 그때 공부하는 게 되게 힘들었어요.

제가 뭐든 끝까지 하려고 하는 편이라서 웬만하면 그만두고 싶다는 생각을 잘 안 하는데 그때는 정말 공부고 뭐고 다 그만두고 싶고, 휴학도 하고 싶고 막 그랬던 것 같아요.

그렇게 슬럼프가 생기면 어떻게 극복하는 편이세요?

제 스스로 과거에 연연하지 않으려 하는 것도 있고, 또 제 가치관 중에 '잘못된 일이 있거나 잘 안 되는 일이 있더라도 그냥 다 이유가 있겠지 생각하자'는 게 있어서 나쁜 일이 생겨도 그냥 넘기면서 그렇게 멘탈 관리를 하는 편이에요.

슬럼프를 슬럼프라고 생각하지 않고 일상을 살아가다 보니 자연스럽게 극복된 것 같아요. 슬럼프에 연연하기보다 내 앞에 있는 작은 것들, 당장의 목표를 하나라도 더 이루려고 노력했던 것 같고.

그러다 보니 자연스럽게 극복할 수 있었고, 또 중간중간 뭔가 자책하는 일이 있거나 자존감이 떨어지는 일이 있어도 너무 거기에 얽매이지 않으려고 노력했던 것 같아요.

그러면 반대로 가장 큰 성취감을 느꼈을 때는 언제였을까요?

아무래도 지금까지 살면서 가장 큰 성취는 대학교에 합격했을 때인 것 같아요. 오랫동안 열심히 공부해서 이루어낸 성취니까요. 그때가 가장 큰 성취감을 느낀 순간이지 않았나 싶어요.

그리고 유튜브 실버 버튼 받았을 때 좀 신기했던 것 같고. 또 다른 성취감은 댓글이나 인스타그램 DM을 볼 때인 것 같아요. 내가 특별히 엄청난 사람도 아닌데 누군가에게 조금이라도 도움이 되고 있다는 생각이 들 때 엄청 보람 있죠.

효빈님이 생각하기에 가장 작은 단위의 성취는 뭔지 좀 여쭤보고 싶어요. 아주 사소한 거라도 있을까요?
자기 자신과 한 아주 작은 약속이라도 그걸 지켜내면 그게 성취 아닌가 싶어요. 아침에 일어나서 오늘은 뭐를 해야겠다고 마음먹으면 그걸 지키는 거죠. 아니면 스스로 정해놓은 약속이나 루틴 같은 걸 해내면 그것 또한 작은 성취 아닌가 싶어요.

제가 관심받는 걸 좋아하면서도 학생 때는 지금보다 훨씬 말을 잘 못했어요. 친구들이나 가까운 사람들과 이야기하는 건 잘하는데 앞에 나가서 발표하는 건 너무 무섭고 두렵고 그랬죠.

제가 외국에 살았었거든요. 한번은 영어 시간에 자신이 쓴 시를 낭독할 때였는데 성적에 포함되는 거였어요. 영어가 익숙하긴 해도 아무래도 제 모국어가 아니다 보니 선생님이 시는 딱딱하게 읽으면 안 된다고 말씀하시니까 부담감이 되게 컸어요.

발표하기 전에 혼자 녹음기 켜놓고 연습하고 그러면서 친구들 앞에서 성공적으로 낭독을 마쳤던 기억이 있어요. 대학교 면접 때도 그 방법을 사용했는데 면접 예상 질문 뽑아서 녹음기 켜놓고 혼자 연습하고 그랬죠. 그런 것들이 일상에서의 작은 성취가 아닐까 싶어요.

그때도 그랬고 지금도 계속 자기만의 한계를 극복하면서 조그마한 성취들을 이루어나가는 거잖아요. 그것들이 삶에 대한 마인드 세팅에 어떤 영향을 주었나요?

'사람이 노력하면 불가능할 건 없다' 이런 생각을 갖게 해준 것 같아요. 그래서인지 하고 싶은 일이 있으면 노력을 해서라도 성취하려고 하는 편이거든요.

아무래도 일상에서의 작은 성취 경험들이 지금 저의 성격이나 가치관을 형성하는 데에 영향을 끼치지 않았나 싶어요.

이번 캠페인에서 뵌 인터뷰이 중 최연소이자 유일한 학생이신데, 이렇게 모신 건 당연히 다른 사람들에게 동기부여가 되는 면이 있다고 판단했기 때문이에요. 살면서 이것만큼은 누구에게나 자신 있게 추천할 수 있다고 생각하는 습관이 있을까요?

앞에서 말씀드린 것처럼 계획을 꼼꼼하고 세세하게 많이 세우는 거예요. 그리고 제 스스로 설정한 데드라인이나 저의 어떤 모습에서 크게 벗어나지 않으려고 항상 노력하는 거예요.

좋은 습관이나 일상을 유지하는 것도 노력이 필요하다고 생각해요. 그게 공부가 됐든 다이어트가 됐든 꾸준히 하는 게 필요하잖아요. 그런 습관들이 지금의 저를 있게 해준 게 아닌가 싶어요.

유튜브 채널도 영상을 많이 올리지는 못하지만 그래도 꾸준히 유지하려 노력하고, 공부도 엄청나게 잘하지는 않지만 그래도 학교에 잘 적응하면서 어느 정도 유지하려 노력하고 그런 것들이 모두 제 인생에 크게 도움이 되지 않았나 싶어요.

앞으로 이루고 싶은 목표가 있다면 어떤 걸까요?
아직 학교 과정이 남았는데 병원 실습도 시작하게 되었거든요.

그래서 병원 실습을 무사히 잘 마치고 무사히 졸업해서 좋은 의사가 되는 게 저의 가장 궁극적인 목표이자 바람이 아닌가 싶어요.

개인적으로 죽기 전에 이건 꼭 해보고 싶다는 목표도 있을까요?

개인적으로 해외여행 가는 걸 되게 좋아해서 세계여행을 해보고 싶은데, 의료봉사랑 겸해서 가는 게 제 목표예요.

애초에 의사를 꿈꾸게 된 계기도 세계 여러 나라를 돌아다니면서 의료봉사를 할 수 있다는 게 너무 멋져 보였기 때문이잖아요. 그게 꼭 한번 해보고 싶은 목표인 것 같아요.

드라마를 좋아한다고 하셔서 이건 효빈님을 위한 특별 질문인데, 본인의 인생을 한 편의 드라마라고 생각한다면 마지막 화에 자신이 어떤 모습일지 상상해볼 수 있을까요?

마지막 화는 거의 다 행복하게 끝나잖아요. 제 인생 드라마의 마지막 화도 〈슬기로운 의사생활〉처럼 좋은 의사가돼서 환자분들 잘 치료하고 행복하게 끝났으면 좋겠어요.

원래도 저는 해피엔딩 드라마를 좋아하는 편이라 그렇게 멋있는 의사가 되는 게 제 진짜 바람이기도 하고, 실제 그런 모습으로 제 드라마의 마지막 화가 끝나면 좋을 것같아요.

뭔가를 시작하는 데에 있어서 큰 두려움도 없고, 또 그것들을 꾸준히 잘 유지해나가시는 것 같은데, 저처럼 완벽하게 하고 싶

어서 계획만 세우고 미루기만 하는 계획적인 완벽주의자들에게 해주고 싶은 말이 있을까요?

저도 그런 면이 없지 않아서 충분히 이해는 가요. 완벽하게 하고 싶은 마음에 아예 시작을 못해버리는 거죠.

근데 시작을 안 하면 후회가 더 크게 남는 것 같아요. 제 경험을 돌이켜보면 유튜브도 그렇고 뭐든 제가 시작해서 후회하는 것보다 안 해서 후회한 일들이 많기 때문이에요. 완벽하지 않더라도 일단 시작해보는 게 좋다고 생각해요. 그래야 후회가 없어요.

"좋은 습관이나 일상을 유지하는 데에는 노력이 필요하다고 생각해요. 제 스스로 설정한 데드라인에서 벗어나지 않으려고 항상 노력했고, 그런 습관들이 지금의 저를 있게 해준 것 같아요. 유튜브 채널도 약속을 지키려고 하다 보니 이렇게 성장하게 된 것 같고요."

ROUTINE 1주 도전

_나와의 약속 지키기

오늘 나와의 약속은?
MON
TUE
WED
THU
FRI
SAT
SUN

나와의 약속이야말로 꼭 지켜야 하지만 가장 지키기 어려운 약속이죠.
나와의 약속을 잘 지키다 보면 어느새 '꾸준함'이 되어 있을 거예요.

MON
완료

TUE
완료

WED
완료

THU
완료

FRI
완료

SUN
완료

SAT
완료

모트모트를 만드는 사람들
"나의 가장 작은 성취는?"

모트모트님이 요다님, 부민님, 윤디님을 초대했습니다.

모트모트

안녕하세요! 요다님부터 자기소개 부탁드려요.

요다

안녕하세요. 모트모트 서비스기획팀의 요다라고 합니다. 유튜브, 인스타그램, 트위터 등의 채널을 통해 사람들의 목표 달성을 돕고 있어요.

모트모트

요다님에게 있어 '가장 작은 성취'는 무엇인가요?

요다

달리기인 것 같아요. 어릴 때 천식을 심하게 앓아서 1분만 뛰어도 숨을 잘 못 쉬었어요. 그런데 1분씩 이라도 늘려가며 꾸준히 뛰었더니 어느새 천식 도 완치됐고, 체육대회 계주로 나서기도 했죠.

모트모트

그때의 일로 요다님에게 어떤 변화가 생겼나요?

요다

달리기 하나로 병을 극복하고 나니까 뭐든 할 수 있겠다는 자신감이 생기더라고요. 더 빠르게 많은 거리를 뛸 수 있게 되니까 점점 커다란 성취를 꿈꾸게 돼요. 요즘에도 꾸준히 러닝을 하는데, 1년 안에 마라톤 풀코스를 완주하겠다는 커다란 목표도 생겼습니다!

모트모트

감사합니다. 부민님도 자기소개 부탁드려요!

부민

안녕하세요. 사업전략팀에서 회사를 어떤 방향으로 운영할지, 어떤 제품을 만들지, 고객과 어떻게 커뮤니케이션을 할지 고민하는 부민이라고 합니다.

모트모트

부민님의 '가장 작은 성취'는 무엇인가요?

부민

2022년 1월부터 지금까지, 매월 한 달 동안의 일을 회고하며 기록하고 있어요. 한 달에 단 하루, 1시간 남짓으로 해낼 수 있는 일이에요.

모트모트

회고록이 부민님에게 어떤 영향을 주나요?

부민

'올해도 아무것도 해내지 못했다'라는 착각에서 빠져나오게 됐어요. 생각보다 제가 많은 경험을 쌓으며 살았더라고요. 그걸 잊지 않고 기록하니 다음 도전을 향한 원동력이 될 수 있었던 것 같아요.

모트모트

감사합니다. 마지막으로 윤디님, 자기소개 부탁드려요!

윤디

디자이너 윤디입니다. 제품과 서비스 등 모트모트의 모든 결과물이 고객에게 더욱 매력적으로 다가갈 수 있도록 고민하고 실행하는 일을 해요.

모트모트

윤디님에게 '가장 작은 성취'는 무엇인가요?

윤디

뭔가에 빠졌을 때 '냅다 시작'하는 거예요. 두근거리는 일을 끊임없이 만들고 있습니다. 최근에는 기타에 꽂혀서 배워보고 있는데, 평소에는 쓰지 않던 감각을 기르는 게 일상에도 활력을 주더라고요.

모트모트

그렇게 '냅다 시작'하시는 게 윤디님에게 어떤 영향을 주나요?

윤디

새롭게 해본 것들이 쌓일수록 두려움이 줄어들어요. 뭔가에 빠져서 깊이 공부하고, 연습하고, 고민하는 순간들이 쌓여 지금의 저를 만들어주는 거죠.

모트모트

세 분 모두 감사합니다. 앞으로의 작은 성취도 응원할게요!

KI신서 10611

나를 매일 성장시키는 가장 쉬운 성공 습관
하루 1분 성취의 힘

1판 1쇄 인쇄 2022년 12월 27일
1판 1쇄 발행 2023년 1월 18일

지은이 모트모트 김권봉 누누씨 하유경 김영욱 윤예지 유한빈 김효빈
펴낸이 김영곤
펴낸곳 (주)북이십일 21세기북스

인문기획팀장 양으녕 **책임편집** 최유진
로고 제작 김현진
출판마케팅영업본부장 민안기
마케팅1팀 배상현 한경화 김신우 강효원
출판영업팀 최명열 김다운
e-커머스팀 장철용 권채영
제작팀 이영민 권경민

출판등록 2000년 5월 6일 제406-2003-061호
주소 (10881) 경기도 파주시 회동길 201(문발동)
대표전화 031-955-2100 **팩스** 031-955-2151 **이메일** book21@book21.co.kr

ⓒ 모트모트, 김권봉, 누누씨, 하유경, 김영욱, 윤예지, 유한빈, 김효빈, 2023

ISBN 978-89-509-9154-8 03320

(주)북이십일 경계를 허무는 콘텐츠 리더

21세기북스 채널에서 도서 정보와 다양한 영상자료, 이벤트를 만나세요!
페이스북 facebook.com/jiinpill21 **포스트** post.naver.com/21c_editors
인스타그램 instagram.com/jiinpill21 **홈페이지** www.book21.com
유튜브 youtube.com/book21pub

서울대 **가**지 않아도 들을 수 있는 **명강**의! 〈서가명강〉
유튜브, 네이버, 팟캐스트에서 '서가명강'을 검색해보세요!